예술과 수학이 만나다!
과거와 현재를 넘나드는
흥미로운 구성!

그림으로 듣고 고전으로 보는

Finance & Math

금융 수학

• 고관표 지음 •

KM 경문사

"본 교재는 2021년 과학기술정보통신부 및 정보통신기획평가원의 SW중심대학사업의 연구결과로 수행되었음"
(2019-0-01817)

그림으로 듣고 고전으로 보는

금융 수학

지은이 고관표
펴낸이 조경희
펴낸곳 경문사
펴낸날 2021년 6월 30일 1판 1쇄
2025년 7월 31일 1판 5쇄
등 록 1979년 11월 9일 제1979-000023호
주 소 04057, 서울특별시 마포구 와우산로 174
전 화 (02)332-2004 팩스 (02)336-5193
이메일 kyungmoon@kyungmoon.com

값 17,000원

ISBN 979-11-6073-472-0

머리말

코로나19 사태 이후 언론에서 종종 볼 수 있는 주식 시장의 신조어가 '동학 개미'입니다. 외국인과 기관 투자자의 엄청난 매도로 끝도 없이 추락하는 주가를 동학 개미들이 매수하여 지수를 끌어올렸습니다. 금융투자협회에 따르면 2021년 3월 기준 주식거래 활동 계좌 수는 3834만 1988개로 나타났습니다. 전 국민의 반이 주식거래를 하는 현실입니다. 동학 개미의 주식투자 열풍은 현재진행형이라는 지적이 있습니다. 2008년 글로벌 금융위기 이후 잠시 잠잠하던 파생상품 시장도 다시 활기를 띠고 있습니다. 문제는 주식투자로 일부는 이익을 얻을 수 있지만, 모두는 아닙니다. 무작정 친구 따라 강남 가는 식의 투자는 상당히 위험이 따릅니다.

서점에 나와 있는 금융 관련 서적은 일반인들이 끝까지 읽어내기가 만만치 않습니다. 읽는 재미로 없고 금융 전문 용어들로 가득차 있으니까요. 본서는 독자의 흥미를 유발하기 위해 그림과 고전을 이용하여 파생상품을 설명하고 있습니다. 과감하게 수식을 가능한한 줄여 금융 지식이 많지 않은 독자를 위해 기본적인 파생상품을 설명하였습니다.

저자는 2011년 Rutgers 대학에서 금융 수학을 2년간 수학했습니다. 그리고 운이 좋게 2015년 출간한 '파생상품 이해를 위한 금융 수학'이 2016년 대한민국 학술원 우수학술도서로 선정되는 영광을 얻었습니다. 가끔 선정된 책을 들여다볼 때마다 수학적인 전문 지식이 없는 독자를 위해 교양과 접목한 금융 수학 교재를 만들면 어떨까 하는 생각에 조심스레 준비하여 출간하게 되었습니다. 무모한 도전일 수도 있지만, 이 책을 통하여 독자들에게 금융 수학 이해에 자그마한 도움이 되기를 소망

합니다. 내용도 졸저이지만 금융 실무 경험이 전혀 없는 저자의 글이라 너무 이론에만 치우친 면이 있지 않은지 걱정도 됩니다. 이 책을 읽는다고 절대 훌륭한 투자로 돈을 벌게 되지는 않습니다. 다만 복잡한 금융과 수학에 새롭게 접근하는 시도라고 생각해 주시면 저자로서 감사하겠습니다.

저작권 문제로 달리, 마그리트 그리고 피카소 작품을 실지 못한 점이 마음에 걸립니다. 독자의 넓은 이해 부탁드립니다.

책을 집필하는 과정에 많은 분의 관심과 도움이 없었다면 불가능했습니다. 저자에게 독서의 중요성을 심어주시고 금융 수학을 공부할 수 있도록 도와주신 이스트브릿지파트너스의 임정강 회장님께 고마움을 표합니다. 특히, 모든 장의 마지막에 '쉬어가는 코너'의 자료를 흔쾌히 건네주신 해박한 역사 지식과 우리말에 조예가 깊으신 동서대학교 이훈재 교수님께 감사함을 전합니다. 언제나 옆에서 큰 힘이 되어준 아내 희성과 두 아들, 동한과 동우에게 이 책을 바칩니다.

2021년 6월

연구실에서

차례

1 들어가며

1.1 금융

금융(finance)은 돈을 융통하여 자금의 수요 공급에 관계되는 활동입니다. 왜 선진화된 금융기법을 배워야 할까요?

저자는 아래의 우화가 멋진 답을 제시하고 있다고 생각합니다.

두 마리 어린 곰에게 초코파이 하나가 생겼는데 어떻게 분배할지 몰라 고민하고 있었습니다. 이때 여우가 다가와 자기가 해결해주겠다고 합니다. 그는 초코파이를 일부러 동등하지 않게 나누고 나서,

"어 이게 똑같지 않네."

하면서 큰 부분을 베어 뭅니다. 두 어린 곰은 마음속으로 의아해

"이거는 아닌데."

라고 생각하면서 아무 말도 못 하고 쳐다만 봅니다. 계속해서 여우는 둘 중 큰 것을 베어 무는 일을 계속해 결국에는 아주 조그만 부분만 남겨놓고,

"이제야 공평하네."

라고 하면서 유유히 사라집니다.

2008년 금융위기를 겪으면서 미래의 경제 전망에 대한 기대(천당)와 불안감(지옥) 사이의 담벼락 위를 우리는 지금도 아슬아슬하게 걷고 있습니다. 양적완화와 마이너스 금리로 인한 돈의 힘과 가뜩이나 저공비행을

하는 실무 경제에 코로나19까지 겹쳐 그 어느 때보다 기대와 공포가 공존하고 있습니다.

우스갯소리인데 천당과 지옥은 어느 정도의 거리로 떨어져 있을까요? 단테의 《신곡(La Divina Commedia)》에는 천당과 지옥 사이에 연옥이 있어 엄청나게 거리가 떨어져 있다고 생각됩니다. 《신곡》은 연옥에서 세상의 지은 죄를 정화하면 천국에 들어가게 된다고 합니다. 하지만 불가에서는 그렇지 않은가 봅니다. 하루는 석가가 극락의 연못을 산책하다가 연꽃이 너무 예뻐 자세히 들여다보다가 연꽃 사이의 틈으로 연못 밑바닥을 보았습니다.

거기가 바로 18층 지옥이었답니다. 《신곡》에서는 지옥을 1층부터 9층으로 나눕니다. 죄질이 나쁠수록 아래로 내려가는데 가장 아래 9층에는 배반한 사람들이 가는 곳이죠. 거기에 마왕 루시퍼(Lucifer)가 배신자의 전형인 예수를 배반한 유다(Judas), 율리우스 카이사르의 암살 공모자 브루투스(Brutus), 카시우스(Cassius), 즉 세 사람을 물어뜯고 있습니다.

"브루투스 너마저"

《신곡》에서 베르길리우스가 단테에게 말합니다. "중앙에 머리는 루시퍼의 입안에 있고 다리가 밖으로 빠져 있는 이가 예수를 은하 30냥에 팔아넘긴 가룟 유다일세. 양옆의 두 놈 가운데 시커먼 얼굴이 카이사르를 암산한 브루투스이고 누런 얼굴이 브루투스를 도왔던 카시우스일세."

전 세계적으로 정부가 국채 매입 등을 통해 마치 헬리콥터에서 돈을 뿌리는 양적 완화(quantitative easing, QE) 정책으로 인한 유동성 과잉이 현재 경기 회복에 얼마나 효과가 있나요? 정작 필요한 서민의 주머니에

들어가거나 실물 경제를 살리는 인프라나 연구·개발에 투자하는 대신 월가의 금융기관의 잇속만 채우고 있지는 않은가요? 급속하게 선진화되어가는 파생상품에 대해 우리는 어느 정도 이해력을 가지며, 실무에 능한 금융 전문가를 얼만큼 양성하고 있는가요? 불행하게도 대답은 그리 긍정적이지 않습니다. 호시탐탐 먹이를 노리는 금융 상어의 먹잇감이 되는 것을 막기 위한 출발점에서 금융 이론을 다음 세대에게 가르쳐야 할

그림 1.1 티치아노 베첼리오, 〈시시포스(Sisyphus)〉, 캔버스에 유채, 237 x 216cm, 1549년, 스페인 마드리드 프라도 미술관. 신들을 기만한 죄로 커다란 바위를 산꼭대기로 밀어 올리는 벌을 받는데, 그 바위는 정상 근처에 다다르면 다시 아래로 굴러떨어져 영원히 되풀이되는 형벌입니다.

사명이 기성세대에게 있다고 판단됩니다.

수수께끼도 아닌 재미 없는 질문 하나를 드리려고 합니다.

> "가장 공정하면서도 가장 사기가 심하고 가장 고상하면서도 가장 악명 높고 가장 우아하면서도 가장 상스러운 것이 무엇이라 생각하나요?"

어느 책에선가 금융을 묘사한 문구가 너무나 마음에 들어 저자의 메모장에 기록된 내용을 소개합니다.

> "금융이란 학술적 배움의 진수인데 사기 수법의 전형이기도 합니다. 지적인 사람이 쓰면 시금석인데 겁 없는 사람이 쓰면 묘비이기도 하지요. 유익한 것들로 가득한 보고인데 재앙의 원천이기도 합니다. 영

그림 1.2 쥘 엘리 들로네, 〈지옥으로 떨어지는 익시온〉, 캔버스에 유채, 114 x 147cm, 1876년. 익시온은 제우스의 아내 헤라에게 흑심을 품었던 인물입니다. 제우스가 그를 떠보려고 구름으로 헤라의 형상을 만들어 가까이 가게 했더니 익시온은 그 구름을 헤라로 착각하여 구름을 범합니다. 그 구름과 익시온 사이에서 켄타우로스가 태어났습니다. 이에 대로한 제우스는 익시온을 바로 지옥에 떨어뜨리고 영원히 멈추지 않는 수레바퀴에 매달아버립니다.

원히 쉬지 못하는 시시포스(Sisyphus)인 동시에 돌고 도는 불타는 수레바퀴에 묶인 최초의 친족 살인자 익시온(Ixion)에 해당하는 ...."

1.2 투자와 심리

대부분 위대한 투자자들은 자기만의 투자 철학을 가지고 있습니다. 서점에는 성공 투자 원칙에 관한 책들로 넘쳐 납니다. 그런데 그들의 과거 투자 원칙이 지금도 유효할까요? 넘쳐 나는 정보의 홍수 속에서 투자자 스스로 올바른 판단을 내리기는 절대 쉽지 않습니다. 중요한 것은 투자 대가들의 투자 원칙을 본인에게 맞도록 옷을 입히는 일입니다. 자신만의 투자 원칙과 철학이 필요한 거죠.

"1 bird in the hand is worth 2 in the bush"

고등학교 때 배운 영어 속담입니다. 이 속담을 남긴 그리스 시대의 이솝(Aesop)은 지금 생각하면 최고의 투자 철학을 가진 것 같습니다. 당장 내 손에 있는 cash 100만원이 언제 들어올지 모르는 미래의 200만원보다 가치가 높다는 인간의 심리를 가장 잘 표현한 문구인 것 같습니다. 많은 투자 대가들은 뛰어난 투자자가 되기 위한 조건으로 인문학, 철학, 문학, 역사 그리고 심리학의 중요성을 강조합니다. 인간은 살아가면서 수많은 선택(의사결정)을 합니다. 사르트르는 다음과 같이 인생을 논합니다.

"인생은 B(birth)와 D(death) 사이의 C(choice)이다"

합리적인 의사결정을 위해 투자 대가들은 위 학문이 필요하다고 말합니다. 당연히 독서의 중요성은 아무리 강조해도 지나치지 않습니다. 책은 펼치기만 해도 유익합니다.

동양의 전통적인 독서법을 하나 소개합니다. 태평천국의 난을 진압하고 양무운동(洋務運動)에도 참여하여 청나라를 구한 증국번(曾国藩)의 저서에 다음 구절이 있습니다.

剛日讀經 (강일독경)
柔日讀史 (유일독사)

뒤숭숭한 날에는 경전을 읽으며 마음을 다스리고 차분한 날에는 역사를 읽으며 의지와 사명감을 찾으라는 말입니다. 경전은 혼자 읽어야 좋고, 《사기(史記)》나 《통감(通鑑)》 같은 사서는 벗과 함께 읽는 그것이 좋다고 합니다.

1.2.1 손실 회피심리

금융 이야기에 들어가기 전 인간의 심리에 대해 잠시 이야기하고자 합니다. 인간은 두 가지 심리적 특징을 가지고 있습니다. 인간은 지극히 손실을 싫어하는 손실 회피(loss aversion) 심리를 가집니다. 인간은 무엇인가를 얻을 때와 잃을 때 느끼는 체감이 다릅니다.

사람은 500만원을 잃는 손실에서 오는 고통이 같은 금액의 수익에서 오는 만족보다 훨씬 크다고 합니다. 행동경제학에서는 이익을 보았을 때보다 손실을 보았을 때 느끼는 강도가 2배 정도 크다고 합니다.

〈그림 1.3〉은 같은 금액의 손실에서 오는 불쾌감의 기울기가 이익에

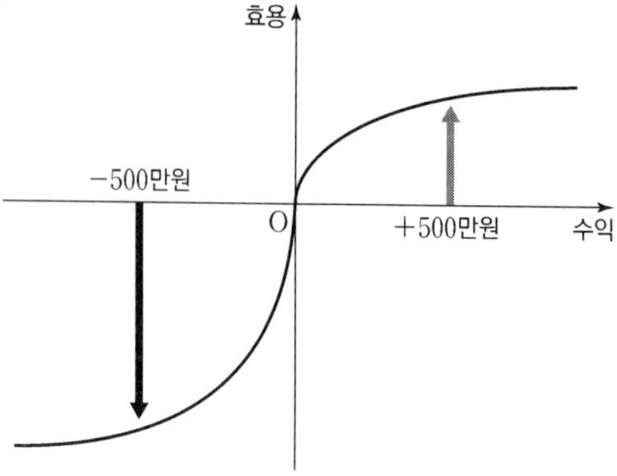

그림 1.3 '전망 이론'은 인간의 손실 회피 성향을 설명하는 이론입니다. 인간은 얻는 것보다 손해 보는 것에 더 민감하게 반응합니다.

서 오는 만족감의 기울기보다 훨씬 가파름을 보여줍니다.

인간 행동의 본질을 이해하고, 이러한 심리가 판단에 미치는 영향을 인식하여 더 나은 의사결정을 연구하는 학문을 행동경제학(Behavior Economics)이라 합니다. 원래 행동경제학은 주류경제학의 기본가정(인간은 이성적(합리적) 동물이다)을 거부한다는 이유로 비주류 경제학에 속해 왔으나, 1990년대 이후 주류경제학의 일부로서 많은 행동경제학자가 노벨 경제학상을 받습니다. 《생각에 관한 생각(Thinking, Fast and Slow)》으로 유명한 노벨 경제학상을 받은 행동경제학 창시자 대니엘 카너먼(Daniel Kahneman)의 연구에 의하면 100만원을 100%의 확률로 받는 기대치와 200만원을 50%의 확률로 받는 기대치가 있는 경우 대다수 사람은 전자를 택합니다. 하지만 100만원을 100%의 확률로 잃는 기대치와 200만원을 50%의 확률로 잃는 기대치가 있는 경우 대다수는 후자를 선택하죠. 두 경우 기댓값은 같은데 말입니다.

왜 그럴까요?

눈뜨고는 도저히 눈앞의 손실은 못 보겠다는 심리 아닐까요. 행동경제학에서 인간은 불확실한 이익보다는 확실한 이익을 선호하고, 확실한 손실보다는 불확실한 손실을 선호한다고 주장합니다. 이 이론을 전망 이론(prospect theory)이라 합니다. 인간은 손실에서 발생하는 스트레스에서 벗어날 수 없나 봅니다.

투자로 인한 손실로 많은 분이 스트레스를 받습니다. 투자에서 발생한 스트레스를 해소하는 두 가지 방법을 소개합니다. 하나는 신포도 전략(sour grapes strategy)입니다. 배고픈 여우가 탐스러운 포도송이를 보았습니다. 포도가 먹고 싶어서 펄쩍 뛰어 봤지만 결국 닿을 수가 없었습니다. 여우는 돌아서면서 이렇게 혼잣말을 하지요.

"저 포도는 엄청 신 포도일 거야."

어릴 적 읽었던 아주 유명한 우화이죠. 원래 이솝이 주는 교훈은 자신의 무능을 주위 환경 탓으로 돌리는 여우의 심성을 본받지 말라는 것입니다. 자기 집의 두레박 끈이 짧은 것은 탓하지 않고 남의 집 우물이 깊은 것만 탓하는 꼴이죠.

不恨自家汲繩短 (불한자가급승단)
只恨他家苦井深 (지한타가고정심)

하지만 '자기방어 기제'로 이만한 이론이 없습니다. 먹고 싶었던 포도를 못 먹었을 때 자기연민의 감정을 차라리 그럴듯한 '자기합리화'를 통해 훌훌 털어버리는 여우가 현명하지 않나요?

다른 하나는 루쉰(魯迅)의 소설 《아Q정전(阿Q正傳)》의 주인공 아큐(阿

Q)의 정신 승리 방법입니다. 신해혁명(辛亥革命) 때 날품팔이를 하여 번 돈을 술과 도박에 탕진하는 인물이 아큐입니다. 툭하면 깡패들에게 괴롭힘을 당하는 아큐가 나중에 하지도 않은 강도질을 거짓으로 자백하여 총살당하는 이야기입니다. 루쉰은 《아Q정전》에서 아큐의 인물상을 통해 당시 중국인의 우매하고 꽉 막힌 성향을 풍자합니다. 그리고 외칩니다.

"사랑하는 중국 인민들이여, 제발 깨어나라."

아큐(阿Q)는 건달들한테 맞으면서도

"자식한테 맞는 셈 치자. 세상은 정말 개판이야."

라고 생각하고 의기양양하게 돌아섭니다. 아큐 역시 '자기합리화'를 통해 객관적인 현실을 외면해 버립니다. 스트레스를 안 받는 정신 건강법이라 할까요.

1.2.2 인간은 합리적 동물인가?

확률(probability)이란 용어는 우리에게 낯설지 않습니다. 미래의 불확실을 측정하는 수학 도구인데 누구나 사용하고 있는 용어이죠.

"내일 비가 올 확률이 80%입니다. 출근할 때 우산 챙기시기 바랍니다."

너무나 익숙하죠. 금융에서는 확률과 함께 기댓값(expectation)이란 통계 용어를 자주 사용합니다. 기댓값은 100만원, 200만원 같이 대상의 값(너무 모호한가요, 통계학에서는 확률변수(random variable)라고 합니다)에 대응하는 확률을 곱해 모두 더한 값입니다. 위에서 언급한 50%의 확률로

200만원을 얻는 경우 기댓값은

$$200\,(\text{만원}) \times \frac{1}{2} + 0\ (\text{원}) \times \frac{1}{2} = 100\,(\text{만원})$$

이 됩니다.

인간은 과연 합리적 동물일까요?

공정(fairness)하지 않거나 가치를 너무 낮게 평가할 경우 인간은 합리적 의사결정에 약점을 보입니다. 인간은 어떤 일이 불공정 하다거나 형평성에 어긋난다고 생각하면 비록 손해를 보더라도 인정하지 않으려 합니다.

길을 가다가 갑자기 소나기를 만나 인근 편의점에 들어가 우산을 사려고 할 때 주인이 평소보다 2배의 가격을 요구한다면 여러분은 어떤 행동을 하나요? 울며 겨자 먹기로 사는 사람도 있고(합리적 인간입니다, 이유는?) 공정하지 못하다는 분노가 치밀어 속으로 주인을 욕하며 집까지 비를 맞으며 가는 정의로운(? 하지만 비합리적인) 사람도 있을 겁니다. 결국, 감기에 걸려 우산 가격 몇 배의 병원비를 지급하면서 후회하죠.

"성질 죽일걸."

공정성에 관한 재미있는 게임이 있는데 최후통첩 게임(ultimatum game)이 있습니다. 두 사람, 주는 사람(giver)과 받는 사람(taker)이 있고 규칙은 만원을 주는 사람(giver)에게 주면서 자기 마음대로 받는 사람(taker)과 분배하라고 합니다. 단, 만약 주는 사람이 제시하는 그 금액을 받는 사람이 수락하면 만원을 분배한 대로 나누어 가지나 거부하면 둘 다 1원도 못 가집니다. 여러분이 경제적(합리적) 받는 사람이라면 주는 사람이 얼마를 제시해도 받으면 경제적 이득을 얻습니다. 공돈이 생기니까요. 하지만 많은 사람은 주는 사람이 제시한 금액이 공정하지 못하다고 생각하면

"너 죽고 나 죽자."

식으로 행동합니다. 정의감이 강한 저자 친구는 이런 말을 하더군요.

"한 푼도 안 받으면 안 받지. 5천 원 이하는 절대 수락하지 않아."

인간은 외양적으로 가치가 낮다고 생각할 경우 합리적인 의사결정을 하지 못하는 경우가 많습니다. 특히 자기 눈으로 보는 상대방의 노력이 안 보이는 경우가 그렇습니다. 대표적인 경우가 열쇠수리공입니다. 열쇠를 분실하여 숙련된 열쇠수리공을 부를 수밖에 없어 불렀는데 1분도 되지 않아 찰칵하고 문을 여니 수리공이 요구한 금액에 약간 사기당한 느낌을 받습니다.

"너무 쉽게 돈 버는 거 아냐."

그런데 초보 수리공이 와서 1시간 넘도록 땀을 흘려가며 겨우겨우 열 때는 요구하는 금액에 수고했다고 음료수도 한 잔 건넵니다. 똑같이 지급하는 보수라면 어느 경우가 본인한테 경제적이고 합리적인가요? 네, 전자의 경우입니다.

"바쁜 세상에."

왜 우리는 이런 비합리적인 의사결정을 할까요? 그 이유 중 하나는 우리가 저들의 노력을 외양적으로만 판단하기 때문이다.

"저 녀석 운이 좋아 그렇게 된 거야"

1.2.3 보이지 않는 고릴라

과연 인간의 외향적인 사물에 관한 판단은 정확한가요? 일수사견(一水四見)이라는 사자성어가 있습니다. 물은 천인에게는 유리로, 아귀에게는 고름으로, 물고기에는 집으로, 그리고 인간에게는 물로 보인다는 내용입니다. 눈에 보이는 물을 두고도 이렇듯 서로 다르게 볼 수 있는데 눈에 보이지 않는 생각이나 가치는 얼마나 서로 다르게 바라볼까요?

우리는 혹시 보고 싶은 것만 보고, 듣고 싶은 것만 듣고 있지는 않나요? 심지어 우리는 명백한 것조차 못 볼 수 있으며, 자신이 못 본다는 사실조차 모를 수 있습니다. 심리학 실험으로 유명한 '보이지 않는 고릴라' 실험이 있습니다. 유튜브에서도 동영상을 확인할 수 있습니다. 실험은 흰색 셔츠를 입은 팀 3명과 검은색 셔츠를 입은 팀 3명, 총 6명이 서로 농구공을 패스합니다. 실험 참가자는 흰색 셔츠 팀의 패스 횟수를 정확히 맞추면 상금을 받습니다. 실험 중간에 고릴라 분장을 한 학생이 천천히 등장해 고릴라처럼 가슴을 두드린 뒤 사라집니다. 흥미로운 사실은 실험 결과, 실험 참가자의 50%가 고릴라의 등장을 눈치채지 못한다는 점입니다. 한 곳에 집중하면 다른 것은 눈으로 보고도 '못 봤다'라고 생각합니다. 외부 정보를 객관적으로 받아들이는 대신에 자기에게 유리한 것만 선택적으로 취하는 인간의 비합리성을 보여주는 실험입니다. '보이지 않는 고릴라' 실험에서 실험대상자들이 고릴라를 발견하지 못한 이유는 한 가지(패스 횟수를 세는 것)에 너무 집중한 나머지 다른 상황의 변화를 전혀 인식하지 못하기 때문입니다. 이 실험은 1999년, 하버드대학 심리학과 조

교수였던 시먼스(Daniel Simons)와 대학원생이던 차브리스(Christopher Chabris)의 논문을 통해 유명해졌습니다.

혹시 시끄러운 나이트에서 자기 이름은 잘 들리는 경험은 없으신지요? 시끄러운 주변 소음이 있는 곳에 있음에도 불구하고 자기에게 의미 있는 정보는 선택적으로 받아들입니다. 칵테일 파티 효과(Cocktail Party Effect)라고 하죠.

1.3 시작하며

안다는 것은 그리 어려운 것이 아닙니다. 다만 아는 것을 어떻게 사용할지가 어렵죠. 지금 혹시 투자하고 계시는가요? 금융 투자에 있어서 철저한 현재 상황 분석을 통해 의사결정을 하고 항상 개방적인 자세로 서두르지 말고 여유를 가지시기 바랍니다. 햇빛이 최고의 방부제이고 전등이 최고의 경찰관인 것처럼 여유가 최고의 조언자이니까요.

파생상품이란 용어를 들어 본 적이 있을 겁니다. 금융 파생상품(financial derivatives)이란 두 당사자 간 미래 시점에 재화나 자산을 교환하는 계약입니다. 교환의 가치가 기초자산에 의해 결정됩니다. 파생상품의 기초자산은 주식, 채권, 금리, 환율, 상품 심지어 날씨까지 가능합니다. 이러한 기초자산의 특징 중 하나가 미래가치가 랜덤(random) 하다는 사실입니다. 그러므로 모든 파생상품은 리스크(risk)와 불확실성(uncertainty)을 가집니다.

지금부터 파생상품의 종류와 특징 그리고 금융 이야기에 대해 가능한 수식을 줄여, 가지 않는 길을 같이 걸어가 보고자 합니다.

千里之行 始於足下 (천리지행 시어족하)
"천 리나 되는 여정도 발아래 첫걸음에서 시작된다."

복잡한 가정과 어려운 수학 이론의 도움 없이 최대한 단순화하기 위해 오컴의 면도날(Occam's razor)을 사용하고자 합니다.

가지 않은 길(The Road Not Taken)
– *Robert Frost*

어디에선가 먼 먼 훗날
나는 한숨 쉬며 이 이야기를 하고 있겠지.
숲속에 두 갈래 길이 있었다고, 그리고
나는 사람들이 덜 걸어온 길을 택했다고,
그로 인해 모든 것이 달라졌다고.

쉬어가는 코너

재미있는 우리말의 유래 ❶

'인절미'/홍산(紅山) 이훈재

인절미는 한자로 '인절병(印切餠, 引切餠)' 또는 '인절미(引截米)'로 불리는데, 차진 떡이라 잡아당겨 끊는 떡이라는 의미에서 붙은 이름입니다. 충분히 불린 찹쌀가루를 밥처럼 쪄서 떡판이나 절구에 담고 떡메로 쳐서 모양을 만든 뒤 고물을 묻힌 떡입니다.

조선조 인조(仁祖) 때 이괄이 난(1624년, 인조 2년)을 일으켜 한양이 반란군에 점령당하자 인조 임금은 공주의 공산성으로 급히 피란을 갔는데, 근심의 나날을 보내며 입맛까지 잃어 식사도 제대로 못 했다고 합니다. 이 소문을 들은 공주에 사는 임씨라는 농부가 찰떡을 해서 임금님께 바쳤는데 기막히게 맛이 좋아 주변 신하에게 떡을 보내온 백성이 누구냐고 물었습니다. 이에 어느 신하가 '임씨(任氏)'라고 대답하니, 친히 떡 이름을 지어 내렸는데, 임 서방이 '절미'(絕味: 기가 막힌 맛)한 떡이라 하여 '임절미'라 한 것이 오늘날 '인절미'로 바뀌었다고 합니다.

한편, 서울시에는 '인절미 바위'라고 이름 붙은 바위가 두 곳 있는데, 서울특별시 도봉구 도봉동 천축사 부근 인력거바위 옆에 있는 바위와 서울시 관악구 신림동 울배(산) 모퉁이에 있는 바위의 모양이 인절미를 닮았거나 인절미처럼 잘렸다 하여 붙여진 이름입니다.

또한, 충남 공주시에서는 2016년 9월 26일 '공주 인절미'를 지리적 표시 단체 표장으로 등록을 완료함에 따라 지역 유래설을 확고하게 구축하게 되었다고 합니다[참조: 한국문화콘텐츠진흥원 문화콘텐츠닷컴(http://www.culturecontent.com/)].

2 시간의 가치, "시간 너 얼마면 돼?"

2.1 초현실주의

초현실주의(Surrealism)는 제1차 세계대전 후 그리고 제2차 세계대전 전까지 일어났던 예술 운동입니다. 프로이트(Freud)의 영향을 받아 예술은 이성에 의해서만 생산될 수는 없고 눈에 보이는 그대로 사물을 묘사하는 것보다 어떤 의미 있는 것을 창조하기 열망했습니다. 그래서인지 일반인의 시각에서 초현실주의 작품은 공상과학 영화에서나 볼 수 있는 기이하고 어쩌면 괴기스러울 수도 있습니다. 초현실주의 화가들은 주로 꿈과 상상 그리고 무의식의 세계를 그렸습니다. 그들 눈에는 존재하지 않는 것도 볼 수 있기 때문입니다.

초현실주의의 대표 화가 중 한 사람이 스페인 출신 화가 살바도르 달리(Salvador Dali)입니다. 달리는 특이한 수염, 오만함과 기행으로 유명합니다. 담뱃갑에 담배 대신 수염을 꺼내 "수염 하실래요?"라고 권하는 등 기이한 행동을 일삼는 독특한 한 시각의 소유자입니다. 그의 많은 작품은 꿈의 세계에서만 일어나는 사람과 사물의 합성 등 현실에서는 모순되는 혼돈 상태를 보여줍니다. 그의 그림에 자주 해안선과 절벽이 보입니다. 이는 그의 고향 카탈루냐의 풍경에 대한 그리움이라고 해석합니다. 그런데 그는 작품에서 왜 시계는 흐물흐물 녹아내리게 표현했을까요. 시계는 심오한 함축적 이미지로 시공간을 초월한 4차원의 세계를 암시한다고 합니다. 제2차 세계대전이 끝나고, 독재자인 스페인의 프랑코가 집권하자 달리는 프랑코의 독재를 지지하며 많은 비판을 받습니다. 녹아내린 카망베르 치즈의 모습에서 달리는 녹아내리는 시계의 영감을 얻었다고 합니다. 달리의 시계를 소재로 한 작품에는 재미있는 공통점이 하나 있습니다. 대부분 시곗바늘이 6시 전후를 가리키고 있습니다.

1969년 달리는 사탕 사업을 하는 친구와 커피를 마시던 중 친구가 로고 디자인을 고민하자 바로 그 자리에서 냅킨에 노란 데이지 꽃 모양을 그려 주었습니다. 네, 츄파춥스(Chupa Chups)의 로고입니다.

달리는 두 가지 그림 기법을 사용하였습니다.

첫째는 '데페이즈망(dépaysement)' 기법입니다. 데페이즈망은 사물이 원래 있어야 할 자리가 아니라 전혀 엉뚱한 위치에 배치하는 기술입니다. 벽에 걸려 있어야 할 시계가 해안선과 절벽 옆에 마치 녹아내리듯 있습니다. 이런 기법을 사용하는 또 다른 화가가 있는데 르네 마그리트(Magritte)입니다. 마그리트는 머리로 그림을 그렸던 초현실주의 화가입니다. 그는 주변에 볼 수 있는 것, 익숙한 것을 기발하게 재구성하는 창조적 융합으로 결합하여 보여줍니다. 마그리트 그림에는 창문이 많이 등장합니다. 우리는 창문을 통해 안에서 바깥세상을 볼 수 있습니다. 만약 창문에 어떤 것이 위치해 있다면 우리는 그 위치에 해당하는 외부 세계를 볼 수가 없습니다.

마그리트는 인간의 무지, 관습 그리고 익숙함에 가려져 있는 외부 세계를 표현하려는 방법으로 창문을 이용한 것 같습니다. 혹시 마그리트의 골콩드(Golconde)란 작품을 본 적 있나요? 골콩드 혹은 〈겨울비〉라는 제목의 이 그림은 이미지만 놓고 보면 영락없는 '인간 비'를 그린 것 같습니다. 마그리트가 1953년 그린 작품으로 중절모에 비옷의 신사가 떼로 등장합니다. 작품에 중절모에 코트 차림의 사내가 공중에 일정히 떠 있는데, 영화 매트릭스의 스미스 요원의 무한에 가까운 복제가 이 작품의 영향을 받고 탄생한 장면이라는 설이 있습니다.

두 번째로 달리는 '데포르마시옹(déformation)'이란 기법을 활용했습니다. 데포르마시옹은 왜곡이라는 뜻입니다. 그는 시계의 모양을 왜곡시켜 표현했습니다. 왜 달리는 이런 기법을 사용했을까요? 네, 꿈의 세계에서 일어나는 현상을 '데페이즈망'과 '데포르마시옹'을 사용하여 묘사하고 싶었던 거죠.

2.2 시간 – 시간이 진실의 옷을 벗기다

시간에 관한 그림을 하나 더 소개합니다. 티에폴로(Tiepolo) 작품 중에 험상궂은 남자가 여성의 옷을 벗기는 장면을 묘사한 그림이 있습니다. 〈그림 2.1〉 왼쪽 아래 서양 낫이 보입니다. 왼쪽에 있는 인물은 누구일까요? 낫이 모든 것을 자르듯이 때가 되면 이 세상에 태어나는 그것을 소멸시키는 시간의 신 크로노스(Kronos, 사투르누스라고도 합니다)입니다. 제우스의 아버지이죠. 크로노스는 대지의 여신 가이아(Gaia)와 하늘의 신 우라노스(Uranus)의 아들입니다. 가이아의 사주로 크로노스는 아버지 우라노스의 생식기를 잘라 죽여버리죠. 우라노스는 죽기 전에 크로노스에게 "너도 네 자식의 손에 죽을 것"이라고 예언합니다. 크로노스는 이 예언을 피하고자 자기 아내가 아이를 낳을 때마다 잡아먹어 버립니다. 그러나 예언은 피할 수 없는 법, 결국 크로노스는 여섯 번째 아이인 제우스(Zeus)에게 살해당합니다. 고야(Goya)의 그림 중에는 자기 아들을 잡아먹는 크로노스에 대한 그림이 프라도 미술관에 있습니다.

〈그림 2.1〉에 등장하는 여성은 법과 정의의 신 아스트라이아(Astraea)

그림 2.1 티에폴로, 〈시간이 진실의 옷을 벗기다〉, 캔버스에서 유채, 231.1 x 167cm, 1745~1750년, 보스턴 미술관. '신선한'이란 뜻의 이탈리아어 'fresco'에서 유래된 프레스코는 아직 축축한 회벽 위에 색을 칠하는 벽화 기법입니다. 티에폴로는 이탈리아 최고의 장식 화가이면서 프레스코의 대가입니다.

입니다. 그리스 신화의 디케(Dike)와 동일시되기도 합니다. 오비디우스(Ovidius)의 《변신 이야기》에 따르면 인간이 '철의 시대'를 맞이하여 타락하자 아스트라이아는 천상으로 올라가 자신은 처녀자리가 되고 그녀의 저울은 천칭자리가 되었다고 합니다.

그림 2.2 고야, 〈자식을 삼키는 사투르누스〉, 캔버스에 옮긴 벽화, 143.5 x 81.5cm, 1819~1823년, 스페인 마드리드 프라도 미술관. 유명한 화가 중 유독 스페인 출신이 많습니다. 스페인 사람들이 가장 좋아하는 화가가 고야입니다. 고야의 작품을 제대로 감상하려면 마드리드의 프라도 미술관을 가면 됩니다. 이 그림은 고야가 일흔이 넘어 청력을 잃은 상태에서 완성한 그림입니다. 자식을 잡아먹는 잔인한 그림이지만 크로노스의 눈은 왠지 슬퍼 보이기도 합니다.

시간이 진리의 옷을 벗긴다는 의미는 시간이 지나면 진실은 밝혀진다는 의미입니다.

Hora Fugit, Stat Jus.

Times flies but Justice stands still.

프랑스 법무부 건물에 새겨진 라틴어 문구입니다. 시간은 날아가지만, 정의는 그대로 우뚝 서 있다는 의미입니다. 너무 멋진 표현 아닌가요? 우리나라도 모든 행정 부처에 업무를 상징하는 멋있는 문구를 만들어 입구에 새겼으면 하는 바람입니다.

정의의 여신, 디케는 눈을 가린 채 양손에 각각 저울과 칼을 들고 있습니다. 저울은 죄의 경중을 재는 것이고, 칼은 처벌을 의미하고 눈을 가린 것은 치우침 없는 공정함을 상징합니다. 그런데 우리나라 법원에는 디케가 칼 대신에 책을 들고 눈을 가리지 않고 있는데 이것은 사람 봐가면서 판결하겠다는 의도인지.

2.3 원숭이가 옳았다

춘추 전국 시대 송나라 사람들은 상당히 어리숙한 면이 있었던 것 같습니다. 관련된 사자성어를 몇 가지 찾아볼 수 있습니다.

첫 번째가 수주대토(守株待兎)입니다. 송나라 농부가 농사를 짓고 있는데 토끼 한 마리가 밭에 있는 그루터기에 달려와 들이받아 목이 부러져 죽습니다.

"이거 웬 재수"

농부는 그때부터 자기 본업을 접어둔 채 토끼가 와서 그루터기에 부딪혀 죽기만 기다렸다는 이야기입니다. 본분에 충실하지 않고 요행을 바라거나 어리석음을 비유할 때 사용하는 고사성어입니다. 감나무 밑에서 감 떨어지기를 기다리는 경우와 비슷합니다. 수주대토는 《한비자(韓非子)》에 나오는 이야기입니다. 원래 한비자가 요순의 이상적인 왕도정치가 시대에 뒤떨어진 사상이라는 주장을 펴기 위해 이 고사성어를 지었다고 합니다.

두 번째는 송양지인(宋襄之仁)으로 《십팔사략(十八史略)》에 나오는 이야기입니다. 약한 송나라와 강국 초나라의 전쟁 때 송나라 양공의 이야기입니다. 강 건너 초나라 군사가 강을 건너는 중간에 송나라 장군이

"적군이 강을 반쯤 건너왔을 때 지금 공격을 하면 이길 수 있습니다."

라고 권하자 송 양공은

"그건 정당한 싸움이 아니다. 정정당당하게 싸워야 진정한 승리이지."

라고 무시해 버립니다. 강을 막 건너온 초나라 군사가 진영을 전열 한다고 어수선할 때 또다시

"적이 미처 진영을 가다듬기 전에 치면 이길 수 있습니다."

하고 건의하였으나, 송 양공은

"군자는 남이 어려운 처지에 있을 때 괴롭히지 않는 법이다."

하며 말을 듣지 않았습니다. 결과는 불을 보듯 송나라는 크게 패하게 되

었는데, 세상 사람들은 이를 비웃어 송양지인이라 하였습니다. 정직도 지나치면 지혜가 부족하다는 증거를 잘 보여줍니다.

세 번째는 알묘조장(揠苗助長)입니다.

《맹자(孟子)》에 나오는 이야기로 맹자가 호연지기(浩然之氣, 거침없이 넓고 큰 기개)를 기르는 데 있어 급하게 서두르거나 억지로 추구해서는 안 된다는 것을 비유한 내용입니다. 송나라 농부는 어떻게 해서든 곡식의 싹을 빨리 자라게 해서 수확할 방법을 찾아 고민하기 시작했습니다. 그러다가 밭에 있는 모든 싹을 한 포기 한 포기 약간씩 위로 당겨 올려주었습니다. 그리고 집에 돌아와

"오늘 너무 열심히 일해서 피곤해 죽겠어"

라고 자랑합니다. 놀란 가족들이 밭에 달려가서 보니 모든 곡식의 싹들이 말라서 시들어버렸다는 고사입니다. 순리를 어겨가며 급히 어떤 일을 이루려 하면 그르친다는 교훈입니다. 마치 아침에 나무를 심고 오후에 나무 그늘을 기대하는 경우와 비슷합니다. 《맹자》 '공손추 상'에 아래와 같은 문구가 있습니다.

助之長者 揠苗者也, 非徒無益 而又害之
(조지장자 알묘자야 비도무익 이우해지)

"자라는 것을 도와주는 것은 싹을 뽑아 올리는 것과 같다. 이런 행위는 아무런 도움이 되지 않을 뿐만 아니라 오히려 해가 된다."

조삼모사(朝三暮四) – 원숭이가 옳았다.

조삼모사도 송나라 이야기입니다. 송나라 저공(狙公)이 원숭이를 길렀

습니다. 그는 원숭이를 너무 많이 길러 먹이가 부족해 이에 먹을 것을 줄이고자 하였습니다. 저공은 고민 끝에 원숭이들에게 줄 먹이를 아침엔 3개, 저녁에 4개 준다고 하였습니다. 원숭이들이 머리에 두건을 쓴 채 반발하며 화를 내자, 저공은 아침에 4개, 저녁에 3개를 주면 어떻겠냐고 말했더니 원숭이들이 매우 만족했다는 내용입니다. 두 가지 의미로 사용되는데 결과는 같은데 당장 눈앞에 닥친 현실에 급급한 어리석은 상황을 묘사할 때 또는 잔꾀로 상대방을 현혹하는 모습을 비유하기도 합니다.

그런데 과연 아침에 3개, 저녁에 4개와 아침에 4개 저녁에 3개는 같은가요? 개수는 같은지 모르지만, 가치는 전혀 같지 않습니다. 시간의 가치를 생각한다면 원숭이는 저공보다 똑똑한 것 같습니다. 반나절이 짧다면 좀 긴 시간, 가령 일 년을 가지고 설명하면 금방 이해하실 겁니다. 누군가 여러분께 오늘 100만원을 줄까? 아니면 내년에 100만원을 줄까? 하면

"내년에 주세요."

라고 하시는 분이 계실까요? 혹시 어린 자녀분이 있으시면

"애야, 용돈을 오늘 6만원 주고 두 주 후 4만원을 줄까? 아니면 오늘 4만원 두 주 후 6만원을 줄까?"

하고 물어보세요. 전자를 선택하는 자녀분은 금융 감각을 타고난 사람입니다.

"아빠, 상관없어. 아빠가 주고 싶은 대로 주세요. 감사히 사용할게요."

하고 대답하면 안아주세요. 너무나 아름다운 인성을 가진 아이입니다.

2.4 시간의 가치 - 이자율(금리, interest rate)

시간의 가치를 금융에서는 어떻게 책정할까요? 네, 바로 이자율입니다. 이자율(금리)은 모든 금융파생상품의 가치평가에 주요한 요인 중 하나입니다. 이자율은 빌린 사람이 대출자에게 지급하기로 약속한 금액을 정합니다. 원금에 지급되는 기간당 이자를 비율로 표시한 것입니다. 이자율을 측정하는 방법과 다양한 이자율에 대해 알아봅시다. 계산하는 방법에 따라 단리(單利, simple interest)와 복리(複利, compound interest)로 구분할 수 있습니다.

단리는 일정한 시기에 오로지 원금에 대해서만 이자율을 적용하여 계산하는 방법으로 항상 같은 이자를 얻게 됩니다. 예를 들어, 100만원을 연 2%의 이자율로 5년 동안 단리로 예금하면 100만원의 0.02×5에 해당하는 금액을 단순히 원금 100만원에 더해 5년 뒤에는 110만원의 원리금을 받을 수 있습니다. 단리의 경우 원리금은 다음과 같이 구할 수 있습니다.

$$\text{원리금} = \text{원금} \times (1 + \text{이자율} \times \text{기간})$$

하지만 아인슈타인이 인류의 가장 위대한 발명품이라고 한 복리는 원금에 이자를 합한 금액을 재투자하여 이자를 적용하는 이자율 계산 방법입니다. 복리 계산에서는 이자가 계산되는 횟수에 따라 원리금이 달라집니다. 이 횟수를 복리빈도(compounding frequency)라 합니다.

예를 들어, 은행의 예금 이자율이 연 10%라고 하죠(이 경우 복리빈도는 1입니다. 이자가 1년에 한 번 계산되니까요). 현재 100만원의 1년 후 미래가치는

$$100\,(\text{만원}) \times (1 + 0.1) = 110\,(\text{만원})$$

입니다. 만약 이자율이 반년 복리이면(복리빈도가 2이죠, 반년(6개월) 마다 이자율이 5%이고 복리는 재투자 된다고 했죠) 현재 100만원의 1년 후 미래가치는

$$100\,(\text{만원}) \times 1.05 \times 1.05 = 110.25\,(\text{만원})$$

으로 연 10%보다 2500원을 더 받습니다. 이자율이 분기 복리라면(복리빈도가 4이고 분기(3개월) 마다 이자율 2.5%이죠) 100만원의 1년 후 미래가치는

$$\begin{aligned} 100(\text{만원}) \times 1.025 \times 1.025 \times 1.025 \times 1.025 &= 100(\text{만원}) \times 1.025^4 \\ &= 110.38(\text{만원}) \end{aligned}$$

입니다. 이 외에도 복리빈도가 월별(복리빈도 12), 주별(복리빈도 52), 그리고 일별(복리빈도 365)로 적용하여 계산할 수 있습니다.

혹시 복리빈도와 1년 후 미래가치(원리금)의 관계를 파악하셨나요? 네, 복리 계산의 횟수가 많으면 많을수록 원리금은 증가합니다. 정리하면 연 10%의 이자율이 어떤 의미에서 명확하지 않다고 말할 수 있습니다. 복리빈도에 따라 원리금의 차이가 발생하니까요. 아래의 표는 투자 금액 100만원에 대한 연 이자율 10%의 1년 후의 원리금을 계산하였습니다.

표 2.1 이자율이 연 10%일 때 복리빈도에 따른 100만원의 1년 후 가치

복리빈도	원리금
1 (년)	110.00 (만원)
2 (반년)	110.25 (만원)
4 (분기)	110.38 (만원)
12 (월)	110.47 (만원)
52 (주)	110.51 (만원)
365 (일)	110.52 (만원)

원리금 계산을 복리로 계산하는 공식을 다음과 같이 나타낼 수 있습니다. n년 동안 A 금액(원금)을 연간 r 이자율로 투자할 때, 복리빈도가 m이면 미래가치(원리금)는

$$A(1+\frac{r}{m})^{mn}$$

입니다.

복리빈도가 높으면 원리금이 증가한다고 언급했는데 어느 정도까지 가능할까요? 복리빈도가 무한(∞)일 때 연속복리(continuous compounding)라고 합니다. n년 동안 A 금액을 연간 r 이자율로 투자할 때, 연속복리 기준으로 미래가치(원리금)는

$$Ae^{rn}$$

입니다.

"어, 이상한 기호가 보이네, e는 뭐지? 알파벳 e인가?"

e는 여러분이 초등학교 때 원의 면적을 구할 때 사용하던 π(파이)와 같이 분수로 표시할 수 없는 수(무리수)입니다. 그 값은 대략 $e = 2.71828\cdots$

입니다. 1년 동안 100만원을 연간 10%의 이자율로 투자할 때, 연속복리 기준 미래가치는

$$100\,(\text{만원}) \times e^{1\times 0.1} \approx 110.52\,(\text{만원})$$

입니다. 이 값은 일별로 복리 계산한 값과 거의 같습니다. 따라서 일반적으로 연속복리는 일별 복리와 같다고 생각하시면 됩니다.

잠시 연속복리 공식을 다시 보도록 하죠. n년 동안 A 금액을 연간 r 이자율로 연속복리로 계산한 미래가치는 원금(A)에 e^{rn}을 곱하면 됩니다.

그러면 위와 같은 기간, 이자율에 대해 미래금액에 대한 현재가치는 어떻게 계산하면 되나요? 네, 미래금액을 e^{rn}으로 나누어주면 됩니다. 이를 할인(discount)한다고 합니다.

$$\text{현재가치} = \frac{\text{미래가치}}{e^{rn}}, \quad \text{미래가치} = \text{현재가치} \times e^{rn}$$

연속복리로 연 이자율 10%에 대한 1년 후 100만원의 현재가치는

$$100\,(\text{만원}) \times \frac{1}{e^{1\times 0.1}} \approx 90.48\,(\text{만원})$$

입니다.

사실 이자율의 종류는 너무 많고 만기가 너무 다양해 이자율 파생상품은 상당히 복잡합니다. 이제 이자율에는 어떠한 종류가 있는지 살펴보도록 할게요.

먼저 LIBOR(London Interbank Offer Rate, 런던 은행 간 대출이자율)입니다. 이자율은 개인이 은행과 거래를 할 때 적용되기도 하지만 은행과 은행 간 거래할 때에도 적용이 됩니다. 그중 가장 대표적인 금리가 LIBOR 금리입니다.

LIBOR는 런던의 주요 은행 사이에 단기 자금을 조달하는 이자율로서, 국제금융시장의 주요 기준 금리로 사용됩니다. 기준 금리란 여러 종류의 금리를 계산할 때 기준이 되는 금리를 말합니다.

LIBID(London Interbank Bid Rate, 런던 은행 간 예금 이자율)는 다른 은행으로부터 예금을 받을 때 적용하는 이자율입니다. 대출이자가 예금이자보다 높으니 LIBOR가 LIBID보다 높습니다. LIBOR 금리는 AA등급의 금융회사에 적용되는 이자율이므로 부도 위험이 극히 작다고 할 수 있습니다. 시장에서는 실질적인 무위험 이자율로 간주합니다. LIBOR 금리는 매일 오전 11시 30분(영국 시각), 영국 은행가 협회를 대신하여 톰슨 로이터가 집계하여 발표합니다. LIBOR 금리는 국제금융거래에서 오랫동안

그림 2.3 LIBOR 금리는 지난 수십 년간 많은 금리 파생상품에 벤치마크로써 사용되었고, 사라진다면 수많은 계약이 대체 금리를 찾아야 합니다. 기술적인 면에서도 LIBOR 금리를 통해 코딩된 모든 컴퓨터 시스템도 전부 교체되어야 합니다.

대표 기준 금리로 사용 중입니다. 그러나 지난 2012년 LIBOR 금리 조작 사건 이후 기준 금리의 대표성과 신뢰성에 금이 가면서 2022년부터 LIBOR 금리 산출이 중단될 예정이라고 합니다.

다음은 콜금리(call rate)입니다. 금융기관 사이에 단기적인 자금거래가 이루어지는 시장을 콜(call)시장이라 합니다. 여기서 형성되는 이자율을 콜금리라고 합니다. 즉 은행들끼리 급전을 빌릴 때의 금리를 콜금리라 합니다. 은행처럼 거대한 금융기관에서도 일시적으로 결제자금이 필요할 때 잉여자금이 있는 금융기관이 대여자금(call loan)을 내놓으면 결제자금이 부족한 금융기관이 이를 빌리게 되는데 이를 콜머니(call money)라고 합니다. 콜금리가 오르면 은행에서 대출받을 때의 금리가 오르고, 콜금리가 하락하면 우리가 은행에서 대출받을 때의 금리가 하락합니다. 콜금리가 오른다는 이야기는 은행들 사이에 돈이 없다는 이야기입니다. 따라서 은행에 돈이 없다면 우리가 돈을 빌릴 때의 금리도 오를 수밖에 없는 것입니다

환매조건부채권(Repurchase Agreement, repo, RP)은 금융기관이 일정 기간이 지난 후 확정금리를 보태 재구매하는 조건으로 발행하는 채권을 말합니다. 중앙은행과 시중은행 사이의 유동성을 조절하는 수단으로 활용됩니다. 여기에 관련된 이자율이 환매 이자율(repo rate)입니다. 자세한 내용은 책 후반부에 다루게 됩니다.

2.5 채권

이자율을 다룰 때 채권(bond)이란 용어가 등장했습니다. 채권은 정부나 기업에서 발행하는 차용증이며 발행기관에 따라 국채, 회사채 등으로 나눌 수 있습니다.

국채는 국가가 국회의 의결을 얻어 공공 및 재정 자금의 조성을 위해 발행하는 채권입니다. 국채로는 국고채, 외국환평형기금채권(외평채), 국민주택채권이 있습니다. 국채이자율은 국채에 투자해서 얻는 이자율입니다. 채권을 산 사람은 발행기관으로부터 약속한 날짜에 이자(이표, coupon)와 만기에는 원금과 이자를 돌려받습니다. 신용위험이 없는 것은 아니지만 정부는 그나마 믿을 만합니다. 나라가 망하지 않는 이상 반드시 빌린 돈을 갚으니까요.

그렇다면 세상에서 돈을 빌려주면 절대로 안 떼어먹을 나라는 어디일까요? 네, 미국 정부입니다. 미국(정확히는 미국 재무부)이 발행하는 국채는 매우 안전한 자산으로 취급됩니다. 약속된 원금을 확실히 돌려받는 의미에서 미국 국채이자율은 무위험 이자율(risk-free rate)로 간주하기도 합니다. 조금 더 채권에 관련된 용어를 알아봅시다.

미국 국채는 만기에 따라 크게 세 가지로 분류합니다. 만기 1년 미만의 단기국채를 T-bill이라 하고, 만기 1년 이상 10년 미만의 국채를 T-Note라고 하며 6개월에 한 번씩 이표(coupon)를 지급합니다. 만기 10년 이상의 장기국채를 T-bond라고 합니다. 10년물이 가장 발행량이 많습니다.

무위험 이자율(risk-free rate)은 금융 파생상품의 가치평가에 사용되는 이자율입니다. 미국 국채 T-bill이나 T-bond의 이자율 대신에 전통적으로 LIBOR를 무위험 이자율로 사용해 오고 있지만, 현재로는 오버나이트 지수 스왑(OIS) 이자율을 대체 사용하고 있습니다. OIS에 대해서는 뒤에서 스왑(swap)이라는 파생상품을 다룰 때 다시 소개하겠습니다.

채권에 대해 알아보았으니 이제 채권가격을 어떻게 결정하는지 알아볼게요. 채권의 가치는 미래에 받게 될 현금흐름(원금과 이자)의 현재가치입니다. 우리는 이미 다음 관계를 알고 있습니다.

$$\text{현재가치} = \frac{\text{미래가치}}{e^{rn}}$$

채권가격을 구하기 위해 사용되는 이자율(r)은 무이표 이자율을 사용합니다. n년 만기 무이표 이자율(zero-rate)은 중간에 지급하는 이자가 없고(무이표, zero coupon) n년간 지속하는 투자로 얻는 이자율입니다. 예를 들어, 3년 만기 국채 무이표 이자율이 연속복리 연 5%인 경우, 100만원 투자하면 3년 후

$$100\,(\text{만원}) \times e^{0.05 \times 3} = 116.20\,(\text{만원})$$

이 됩니다. 따라서 채권가격은 미래의 현금흐름(이자와 원금)을 무이표 이자율로 할인한 값을 모두 더하면 됩니다. 예를 들어 국채 무이표 이자율이 다음과 같다고 가정합시다.

표 2.2 국채 무이표 이자율

만기(년)	국채 무이표 이자율(%)
0.5	5.0
1.0	5.6
1.5	6.2
2.0	6.4

2년 만기 국채 원금이 100만원이고 반년 연속복리 기준 이표(coupon) 이자율이 연 6%인 채권의 가격을 구해봅시다. 채권소유자는 0.5년, 1년 그리고 1.5년에 이자 3만원의 현금 흐름이 발생합니다. 그리고 만기 2년에는 원금 100만원과 이자 3만원을 더해 103만원의 현금흐름이 생겨 [표 2.2]의 무이표 이자율로 할인하여 더하면 됩니다. 따라서 채권가격은

$$\frac{3}{e^{0.05\times 0.5}}+\frac{3}{e^{0.056\times 1}}+\frac{3}{e^{0.062\times 1.5}}+\frac{103}{e^{0.064\times 2}}=99.12\,(\text{만원})$$

입니다.

채권수익률(bond yield)은 채권으로부터 발생하는 현금흐름의 현재가치와 채권의 시장가치가 같게 되는 할인율입니다. 위에서 채권의 시장가치는 99.12만원으로 r을 채권수익률이라 하면 다음 식을 만족하는 r이 채권수익률입니다.

$$\frac{3}{e^{r\times 0.5}}+\frac{3}{e^{r\times 1.0}}+\frac{3}{e^{r\times 1.5}}+\frac{103}{e^{r\times 2.0}}=99.12$$

계산은 어떻게 하느냐고요? 물론 손으로 계산할 수 없습니다. 엑셀이나 다른 프로그램으로 구할 수 있습니다. 위의 식을 다시 한번 보기 바랍니다. 분모에 있는 채권수익률이 증가하면 채권가격은 어떻게 될까요?

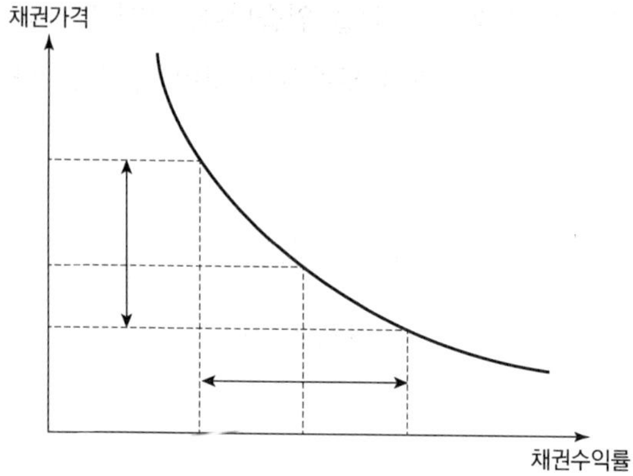

그림 2.4 채권가격과 채권수익률은 반대로 움직입니다.

네 당연히 줄어듭니다. 따라서 결론은 채권가격과 채권수익률은 반비례 관계가 있습니다.

채권의 듀레이션(duration)은 채권소유자가 원금을 돌려받는데 소요되는 기간입니다. 만기가 n년 무이표 채권의 듀레이션은 n년이겠죠. 이표를 받는 채권의 듀레이션은 n년보다 짧아집니다. 중간에 이표(이자)를 받으니까요.

3년 만기 채권의 듀레이션이 2.7년이란 말은 투자자가 투자한 금액을 모두 회수하는데 3년이 아니라 2.7년이 소요된다는 의미입니다. 듀레이션은 금리 변화에 대한 채권가격의 민감도를 측정하는 척도로 사용합니다.

"정의는 대충 알겠는데 채권 투자와 무슨 상관이 있지?"

듀레이션은 채권 투자에 매우 도움이 됩니다. 금리가 떨어질 것을 예상한다면 듀레이션이 큰 채권에 투자라는 것이 좋습니다. 금리가 낮아지면 채권가격은 반대로 올라간다고 했죠. 따라서 듀레이션이 큰 채권의 가격이 큰 폭으로 올라 높은 이익을 얻습니다. 반대로 금리가 올라갈 것 같으면 듀레이션이 짧은 채권에 투자하는 것이 유리합니다. 듀레이션은 다음과 같이 계산합니다.

$$Duration = \sum_{i=1}^{n} 이표지급시점(t_i) \times [\frac{이표의\ 현재가치}{채권가격}]$$

"아, 시그마(Σ) 기호다, 뭘 의미하더라?"

시그마는 수학에서 총합을 의미하는 그리스문자입니다. 계산은 걱정하지 마시기 바랍니다. 프로그램이 알아서 해결해주니까요.

채권가격을 구할 때 무이표 이자율로 할인한다고 설명해 드렸습니다. 선도 이자율(forward interest rate)이란 현재 시점의 무이표 이자율을 기준으로 미래 어느 기간의 이자율입니다. 무이표 이자율을 알 때 어떻게 선도 이자율을 구하는지 알아보죠. 예를 들어 4년 동안의 무이표 이자율이 [표 2.3]과 같다고 가정하죠.

표 2.3 무이표 이자율에서 선도 이자율 측정

연도	무이표 이자율(%)	선도 이자율(%)
1	3.0	
2	4.0	5.0
3	5.0	7.0
4	5.6	7.4

[표 2.3]에서 2년째 연도의 선도 이자율이 5%입니다.

"어디서 나왔지?"

1년과 2년 사이의 선도 이자율을 R_f라고 하죠. 1000원을 투자하는 경우 1년의 3%와 1년과 2년 사이의 선도 이자율 R_f를 적용한 미래가치와 4%로 2년간 투자한 미래가치는 같다는 원리에서 우리는 선도 이자율을 구할 수 있습니다. 다시 말해서

$$1000e^{0.03 \times 1}e^{R_f \times (2-1)} = 1000e^{004 \times 2}$$

좌변은 1000원을 1년의 3%와 1년과 2년 사이의 선도 이자율 R_f를 적용한 원리금이고 우변은 1000원을 4%로 2년간 투자한 원리금입니다. 위 식에서 1년과 2년 사이의 선도 이자율 $R_f = 0.05 = 5\%$을 구할 수 있습니다. 같은 원리로 2년과 3년 사이의 선도 이자율, 그리고 3년과 4년 사이의 선도 이자율을 [표 2.3]에서 알 수 있습니다.

> "선도 이자율을 구하려면 위 식을 풀어야 하잖아요"
> "좀 쉽게 구할 수 없나요?"

네, 있습니다. 일반적으로 시간 T_1과 T_2의 무이표 이자율을 각각 R_1과 R_2라고 하면 시간 T_1과 T_2사이의 선도 이자율은

$$R_f = \frac{R_2 T_2 - R_1 T_1}{T_2 - T_1}$$

입니다. [표 2.3]에서 2년과 3년 사이의 선도 이자율은 다음과 같이 구할 수 있습니다.

$$R_f = \frac{5.0 \times 3 - 4.0 \times 2}{3-2} = 7.0$$

쉬어가는 코너

재미있는 우리말의 유래 ❷

'고들빼기'/홍산(紅山) 이훈재

'고들빼기'는 국화과의 두해살이풀로 산채의 일종으로 '씬나물'이라고도 합니다. 한자명으로는 고채(苦菜), 황과채(黃瓜菜), 활혈초(活血草)라고 합니다. 주성분은 이눌린(inulin)으로 매우 떫고 쓴맛을 갖고 있으며, 쓴맛은 화(火)의 기운이라 이른 봄에 입맛이 없을 때 입맛을 돋우기 위한 식품으로 이용됩니다.

고들빼기의 이름에는 몇 가지 재미난 유례가 있습니다.

전북 전주에 사는 고씨 형제와 친구 두 사람이 함께 야유회를 갔다가 그만 산에서 길을 잃고 점점 산속 깊이 들어가서 며칠간 밤을 지새우게 되었습니다. 먹을 것은 떨어지고 이 네 사람은 시장기를 이길 수 없어서 하는 수 없이 산에 나는 야생초라도 뜯어 먹기로 하였습니다. 마침 산속에는 이름 모를 풀이 잔뜩 있었는데, 이 풀을 뜯어 먹어보니 쌉쌀하면서도 맛이 꽤 좋았습니다. 다행히 이들은 산속 화전민의 도움으로 살아날 수 있었는데, 맛있게 먹었던 풀 이름이 궁금했지만 이름이 없는 풀이라는 대답만 들었습니다. 그들은 그 풀을 캐내어 마을로 가져왔고 마을 사람들이 이름 붙이기를, 그 풀이 고씨 형제 두 명과 백씨, 이씨가 발견한 풀이라는 뜻에서 "고둘백이"라 불렀지만, 이것이 와전되어 "고들빼기"가 된 것이라 합니다. 하여튼 고들빼기로 만든 김치는 전라도 지방의 고급 김치로 지금도 많은 사람에게 사랑을 받고 있습니다[출처: 문화원형 백과사전].

한편, 《동의보감》·《제물보》·《물명고》·《명물기략》에서는 '고채(苦菜)'라 하였습니다. 고채란 쓴(苦) 나물(菜)이란 뜻으로, 《명물기략》에는 "고채는 고도(苦荼)라고도 하는데, 이것이 고독바기가 되었습니다. 고들빼기의 대궁을 자르면 흰 즙이 나오는데, 이것을 사마귀에 떨어뜨리면 저절로 떨어집니다. 이 흰 즙이 젖과 비슷하여 젖나물이라고 한다."고 명칭의 유래를 밝히고 있습니다[출처: 한국민족문화대백과사전(한국학중앙연구원)].

고들빼기의 종류는 고들빼기, 이고들빼기, 왕고들빼기, 지리고들빼기, 까치고들빼기, 갯고들빼기, 가는잎왕고들빼기, 두메고들빼기, 한라고들빼기 등 여러 종류가 있으며, 일부 지역에서는 고들빼기 발효차를 만들어 마시고 있다고 합니다.

농가월령가(2월)에 "산채는 일렀으니 들나물 캐어 먹세, 고들빼기 씀바귀요 소로장이 물쑥이라"는 구절이 나옵니다.

3 선도(forward)와 선물(future)

3.1 열하일기

조선왕조를 통틀어 최고의 책 두 권을 추천하라면 저자는 연암(燕巖) 박지원 선생의 《열하일기》와 다산(茶山) 정약용 선생의 《목민심서》를 숨도 쉬지 않고 선택할 것입니다. 그중에서

- 목민관으로 부임(赴任)하는 6가지 조건
- 자기를 다스리는 율기(律己) 6가지
- 나라에 봉공(奉公) 6가지
- 그리고 노인, 어린이, 병든 환자, 재난민, 불쌍한 백성을 위한 애민(愛民) 정신이 너무나도 구체적이어서 찔러도 피 한 방울 안 나올 정도로 엄격한 《목민심서(牧民心書)》보다는 조선 제일의 유머리스트이자 최고의 문장가인 연암의 《열하일기(熱河日記)》에 한 표를 더합니다.

연경(북경의 옛 이름)으로 가는 사행 단의 총 책임자 친척 박명원을 따라 청나라의 열하(熱河)까지 가는 동안 청나라의 정치, 경제, 문화를 그의 번쩍이는 유머와 고문의 타성에서 탈피하여 파격적인 문체로 작성한 최고의 기행문이자 여행기입니다. 한양에서 열하까지는 거리가 3천 리 길이라고 합니다. 《열하일기》는 당시의 현실에 대한 철저한 고민뿐 아니라 문체나 그 내용의 파격성으로 당대에 비난의 대상이 되었습니다. 문체반정의 서곡을 올린 중심에도 《열하일기》가 있었습니다

저자가 생각하는 《열하일기》의 백미는 일찍이 홍대용, 이덕무, 박제가 등 북학파 친구들과 담론한 이용후생(利用厚生)으로 그의 예리한 눈이 꽂힌 곳은 바로 깨어진 기와 조각과 똥 덩어리였습니다. 그는 이렇게 주장합니다.

"청나라의 볼 것은 깨진 기와 조각과 똥 덩어리에 있다."

성리학과 명분, 사대주의의 그물망에 갇힌 사대부와 차원이 다른 해석을 하고 있습니다. 깨어져 버려진 기와 조각을 이용하여 담벼락에 무늬를 만들고 길 위에 가득한 소, 말똥 덩어리를 퇴비로 사용하는 보잘것없는 것을 슬기롭게 사용하는 오랑캐(?) 청나라의 숨은 힘을 연암은 보았던 거죠. 그 시각 한양 저잣거리에서는 똥 덩어리(양반)들이 뒷짐 지고 똥 냄새 맡으면서

"저리 비켜라, 양반님 나가신다"

라고 허세를 부리고 있죠. 연암은《열하일기》에서 문학작품을 통해 현실 비판에도 참여하고 있습니다. 〈호질(虎叱)〉과 〈허생전(許生傳)〉이 그것이죠. 호질은 한문 단편소설로《열하일기》관내정사(關內程史)에 실려 있습니다. 연암이 중국 기행 중 벽에 걸린 내용이 너무 재미있어 저작권 없이 카피한 이야기로 유자(儒者)들의 위선을 비꼬고 정절 부인의 가식적 행위를 호랑이를 통해 꾸짖는 우화이죠. 연암은 자기의 비판의식을 호랑이를 통하여 대변하고 있습니다.

〈허생전〉은《열하일기》안에 있는 옥갑야화(玉匣夜話)에 나오는 이야기입니다. 허생전은 허생의 상업행위를 통해 허례허식에 빠진 양반사회를 비판하고 부국이민(富國利民)을 강조한 사회 개혁적인 소설로 평가받고 있습니다. 7년간 책만 읽을 줄 아는 허생이 아내에게 구박을 받아 갑부 변씨에게 만 냥을 빌려 안산에서 제사에 필요한 과일을 사재고 제주도에서 상투를 위한 말총을 싹쓸이해 엄청난 이윤을 남깁니다.

연암은 허례허식에 물들어 있는 똥 덩어리 양반을 신랄하게 비판하며, 실용적인 사고를 주장하죠. 허생은 운이 좋은 시대의 사람인 것 같습니다. 지금 같으면 허생의 경제 행위는 위법이죠. 그 당시에는 공정하고 자유로운 경쟁을 보장함으로써 경제활동의 기본 질서를 확립하는 '공정거래위원회'가 없었으니 복 많은 허생이라고 생각합니다. 19세기 후반에서 20세기 초에 독점과 담합 등으로 큰돈을 번 기업가들(Robber barons라고 하죠)인 강철의 제왕 카네기, 석유왕 록펠러는 연암의 허생전에서 아이디어를 얻었을지도 모르겠습니다.

유대인 상인이 해서 안 되는 세 가지가 있습니다.

1. 과대 선전을 하지 말 것
2. 상품값을 올리기 위해 저장해 두지 말 것
3. 계량을 속이지 말 것

이른바 '키도시 하셈' 원칙입니다. 이름을 거룩하게 한다, 혹은 이름을 더럽히지 말아야 한다는 뜻입니다. 시쳇말로 유대인들은 어떤 일을 할 때 쪽 팔리지 말자는 말로 '키도시 하셈'을 중얼거린다고 합니다. 장사할 때 남을 속이지 말라는 의미입니다. 지금 시대는 이것만 어기면 부자 되는 것은 너무 쉬운 일 아닌가요? 하늘나라에 가면 베드로가 제일 먼저 묻는 말이

"너는 인간으로서 쪽팔리는 일은 얼마나 했나?"

라고 합니다. 성경의 〈레위기〉 19장 35절에 다음의 내용은 있습니다.

> "너희는 재판에든지 도량형에든지 불의를 행치 말고 공평한 저울과 공평한 추와 공평한 에바와 공평한 힘을 사용하라"

동양에 허생이 있다면 서양에는 '그리스 철학의 아버지' 탈레스(Thales)가 있습니다. 그는 이렇게 세상을 향해 외칩니다.

"내가 관심이 없어서 그렇지 언제든지 마음만 먹으면 돈 버는 일은 손바닥 뒤집기보다 쉬워."

탈레스는 올리브 농사의 풍작을 예측하고 모든 올리브 압착기를 빌리기로 계약합니다. 그의 예측대로 그해 올리브 풍년으로 압착기 사용 수요가 폭발하여 그는 압착기 대여를 통해 큰돈을 벌였습니다.

3.2 선도 계약

허생의 투자 메커니즘을 살펴봅시다. 허생의 투자 메커니즘은 탈레스의 그것과 크게 다르지 않습니다. '밭떼기'란 말을 들어 본 적이 있으시죠? 배추 장수가 현재 1월 1일에 농부에게 가서 가을 9월 30일에 배추 한 포기당 1000원에 밭에서 수확하는 모두를 구매하겠다는 농부와의 약속입니다. 이와 같은 메커니즘을 가지는 파생상품이 존재합니다.

선도 계약(forward contract)입니다. 모든 금융 계약에는 사는 사람과 파는 사람이 존재합니다. 금융에서는 사는 사람(buyer or holder)은 매입 포지션 혹은 롱 포지션(long position)을 가진다고 하고 파는 사람(seller)은 매도 포지션 혹은 숏 포지션(short position)을 가진다고 합니다.

영화 〈빅 쇼트(Big Short)〉을 본 적이 있나요? 크리스찬 베일, 라이언

그림 3.1 영화 속에 다음의 명대사가 있습니다.
곤경에 빠지는 건 뭔가를 몰라서가 아니다. 뭔가를 확실하게 안다는 착각 때문이다." "It ain't what you don't know that gets you into trouble. It's what you know for sure that just ain't so." - 마크 트웨인(Mark Twain)

고슬링, 브래드 피트 등 초호화 캐스팅으로 유명한 금융 주제 영화입니다. 상영 내내 복잡한 경제 용어와 파생상품이 나옵니다. MBS, CDO, synthetic CDO, CDS 등 모르는 용어에 주눅이 들 필요는 없습니다. 여러분이 이 책을 끝까지 완독하시면 이해하게 될 것이라 믿습니다.

그리스 신화에 나오는 테이레시아스(Teiresias)는 남성과 여성 둘 다를 경험한 인물입니다. 하루는 제우스와 헤라가 남자, 여자 중 누가 더 섹스에 만족하는지 논쟁하다가 양성을 경험한 테이레시아스에게 물어보니 그는 여성이 더 만족한다고 대답합니다. 자존심이 상한 헤라는 화가 나 그를 장님으로 만들고 왠지 미안한 제우스는 미래를 내다보는 예지력을 그에게 주었죠.

여러분이 테이레시아스의 예지력이 있어 주식 가격이 내려갈 것을 예측한다면 어떻게 투자를 하겠습니까? 네, 지금 팔아야죠. 매도하는 것을 숏(short) 한다고 말씀드렸죠. 〈빅쇼트(Big Short)〉는 펀드를 매도(short)에 엄청나게(big) 베팅해 금융위기 때 거대한 차익을 거둔 내용의 논픽션 영화입니다.

요즘 인공지능(Artificial Intelligence, AI)을 이용하여 과거 데이터를 분석해서 높은 수익률을 올린다는 자산운용사들이 늘어나는 추세입니다. 하지만 금융 공학 이론에 의하면 과거 정보를 모두 알고 있을 때 미래의 기댓값(정확하게는 조건부 기댓값(conditional expectation)이라고 합니다)은 현재 가격입니다. 어려운 수학 용어로 마팅게일(martingale)이라 합니다. 복잡한 수식 없이 개념을 설명할게요. 동전 던지기로 앞면이 나오면 여러분이, 뒷면이 나오면 상대방이 이기는 게임을 생각하죠. 첫 판돈 금액은 1만원이라고 가정하죠. 여기에 마팅게일 전략이 있습니다. 전략은 매우 단순합니다. 여러분이 앞면이 나올 때까지 매번 판돈을 두 배로 올리면서 게임을 진행합니다. 언젠가는 앞면이 나오기 마련입니다. 앞면이 나오면 여러분은 이전까지 잃었던 금액을 만회하고 결국 첫 판돈 1만원을 챙깁니다. 왜 그럴까요? 만약 여러분이 세 번째 판에서 앞면이 나오면 손실은 첫 번째 판돈 1만원과 두 번째 판돈 2만원으로 총 3만원입니다. 세 번째 판에서 4만원을 얻어 결국 1만원의 이익을 남깁니다. 자세한 증명은 고등학교 때 배운 등비수열의 합을 이용하면 쉽게 보일 수 있습니다. 분명히 이기는 이 전략을 사용하는데 주의해야 할 사실이 있습니다. 마팅게일 전략이 성공하기 위해서는 시간이 얼마가 걸리든 계속해서 게임을 할 수 있어야 합니다. 그리고 이기기 전에(앞면이 나오기 전에) 판돈이 모자라면 안 됩니다. 마팅게일 전략은 결국 이기기는 하나 여러분이 챙기는 이익은 첫 판돈뿐입니다. 수식으로 마팅게일을 표현하면 다음과 같습니다.

$$E[X_{n+1}|F_n] = X_n$$

기댓값[미래 | 현재까지의 과거 정보]=현재값

E는 기댓값이고 F_n은 현재까지 시장에서 얻을 수 있는 정보를 나타냅니다. X_n은 현재 가격이고 X_{n+1}은 미래가격입니다.

과거 데이터를 분석하여 결코 완벽하게 미래를 알 수 없습니다(동의하지 않는 분들도 많아요). 몇 번은 운(혹은 우연)으로 맞출 수 있는데 이것을 마치 자기가 금융의 알파를 발견한 듯 자랑하는 분들을 조심하시기 바랍니다.

우연은 우리가 생각하는 것보다 자주 일어납니다. 우연에 관련된 재미있는 문제가 있습니다. 프랑스 수학자 몽모르(Montmort)가 제기한 '몽모르 문제'입니다. A부터 K까지 13장의 카드를 2명이 동시에 꺼낼 때 13장의 카드가 모두 일치하지 않을 확률을 구하는 문제입니다. 몽모르는 풀지 못하고 스위스 수학자 오일러(Euler)가 문제를 해결했습니다. 카드가 5장 이상일 때 2명이 꺼낸 카드가 1장도 일치하지 않을 확률이 대략 37%라고 합니다. 따라서 1장 이상이 우연히 일치할 확률이 대략 63% 정도입니다. 이러한 현상은 카드 숫자가 늘어나도 그 확률은 거의 비슷하다고 합니다. 우연한 일은 우리가 생각하는 것 이상으로 높은 확률로 자주 발생합니다. 주심 1명, 선심 2명, 그리고 양측 선수 22명으로 총 25

명인 축구 경기를 생각하죠. 생일이 똑같은 사람이 있을 확률이 50% 조금 넘습니다. 어떤가요, 여러분의 직관보다 훨씬 확률이 높죠.

카지노 룰렛 게임에서 검정, 빨강 색을 만약 1024명이 전부 다르게 예측한다면 그중 한 명은 10번 연속으로 색깔을 맞출 수 있습니다. 왜 그럴까요? 한 번에 일어나는 경우의 수가 2입니다(검정 아니면 빨강). 10번 룰렛 게임을 하면 $2^{10} = 1024$의 경우의 수가 발생합니다. 과연 10번을 연속으로 맞춘 사실은 그 사람의 실력일까요?

같은 이유로 제가 금융 사기꾼인데 고객 1024명에게 매일 코스피 가격이 10일 동안 북쪽으로 갈지 남쪽으로 갈지를 각자에게 다르게 메일로 보낸다면 그중 한 사람에게는 10번 전부를 정확히 예측할 수 있어 그분은 저를 신으로 생각할 겁니다. 신이 된 사람, 호모 데우스(Homo Deus).

다시 선도 계약으로 돌아가죠.

선도 계약이란 미래에 일정한 시점(9월 30일)에 기초자산(배추)을 특정 가격(1000원)으로 사거나 파는 계약입니다. 사는 사람(long position)은 미래의 특정 시점(만기(maturity)라고 합니다)에 기초자산을 정해진 가격으로 살 의무를 집니다. 당연히 파는 사람은 팔 의무를 지고요. 계약 체결 시점에는 현금 교환이 없습니다. 어느 배추 장수가 배추를 받기 전에 미리 현금을 줄까요? 정직하지 않는 농부가 돈만 받고 잠적할 수도 있잖아요. 배추 장사(long position)와 농부(short position) 이야기로 선도 계약이 쉽게 이해되시죠.

자 그럼, 이제는 특정 시점, 만기 때 선도 계약의 가치를 생각해 보려고 합니다. 배추 가격은 만기 9월 30일까지 일정하지 않고 매일 변하겠죠. 만약 9월 30일에 시장에서 배추 한 포기당 가격이 1500원이면 배추 장수는 농부에게 1000원에 사들여 시장에 1500원에 팔 수 있으니 선도 계약으로 포기당 500원을 이익을 남기죠. 농부는 어떨까요? 피눈물이 날 테죠.

'아이고 괜스레 1000원에 판다고 약속해 이 지경에.'

한편 9월 30일에 배추 가격이 풍년으로 인해 포기당 500원에 거래된다면 배추 장수는 시장에서 500원이변 되는 것을 1000원이나 주고 구매해 포기당 500원의 손실을 보게 됩니다. 농부는 쾌재를 부르겠죠. 이렇게 기초자산(배추)의 가격에 의해 선도 계약이 이익이나 손실이 발생합니다.

이러한 만기에 매수(배추장사), 매도(농부) 포지션에 따른 손익을 수학적으로 표시하려고 합니다.

'아 수학 말만 들어도 머리 아파요, 벌써.'

만기(9월 30일) T일 때 기초자산(배추)의 가격(1200원)을 $S(T)$라고 하고 선도 계약에서 교환할 가격(1000원)을 K라고 하면 롱 포지션(배추 장수)의 손익은

$$S(T) - K = 1200 - 1000 = 200$$

입니다. 반대로 숏 포지션(농부)의 손익은

$$K - S(T) = 1000 - 1200 = -200$$

이죠. 아래의 그래프는 매입포지션과 매도포지션의 선도 계약의 손익구

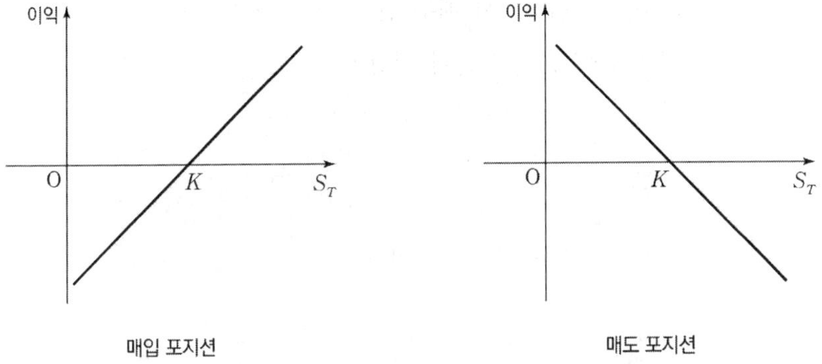

그림 3.2 선도 계약의 손익구조. K는 인도 가격이고 S_T는 만기일의 기초자산 가격입니다. 선도 매입 포지션은 기초자산이 증가하면 수익도 증가는 구조이고 매도 포지션은 반대입니다.

조를 나타낸 그림입니다.

질문이 생기지 않나요? 어디서 이런 선도 계약을 하는지. 선도 계약은 일반적으로 장외시장에서 거래됩니다. 과거의 거래소는 공개 호가 시스템(open outcry system)을 사용하여 거래자들이 한 곳, 거래소에서 만나 거래하고자 하는 가격을 마치 프로야구 투수와 포수가 주고받는 수신호로 거래가 이루어졌습니다.

최근에는 거래자들이 필요한 거래를 입력하면 컴퓨터가 매입자와 매도자를 연결하는 전자거래 시스템(electronic trading system)이 증가하는 추세이죠. 거래소가 아닌 곳에서 이루어지는 시장을 장외시장(OTC, over-the-counter)이라 합니다. 거래 당사자 간의 전화통화(물론 녹음된)나 컴퓨터로 연결하여 계약을 성사시킵니다. 장외시장의 장점은 규정이 있는 거래소 계약으로부터 자유롭게 두 당사자 간의 입맛에 맞는 거래를 할 수 있다는 점입니다. 하지만 계약 불이행(default)이 발생할 수 있는 위험도 따르죠. 이런 위험을 신용위험(credit risk)이라고 합니다.

그림 3.3 뉴욕증권 거래소는 뉴욕 월스트리트 11번가에 있는 세계 최대의 증권거래소입니다. 시가총액 규모로는 세계 최대입니다. 뉴욕증권거래소에는 전통적으로 주식거래의 시작을 알리는 오프닝 벨이 있습니다. 미 동부시간 기준 평일 9시 30분에 울립니다.

선도 계약을 하는 이유는 무엇일까요? 헤지(hedge)하는데 사용됩니다. 헤지(hedge)란 미래에 발생할지도 모르는 자산가격의 변동 위험을 특정 상품을 사용하여 손실의 가능성을 줄이는 전략입니다. 목장의 울타리(hedge)가 목장 안 가축을 보호하잖아요.

예를 들어, 다음과 같은 3개월 후 원화/달러 선도 환율을 생각해 봅시다.

표 3.1 원화/달러 현물 환율과 3개월 선도 환율 매입, 매도 가격

	매입 가격	매도 가격
현물 환율	1104(원)	1110(원)
3개월 선도 환율	1108(원)	1115(원)

국내의 A 기업이 미국에 있는 B 기업으로부터 수출대금을 3개월 후 100만 불을 받을 예정이라고 가정합시다. 환율이 변하여 생길 수 있는

통화 위험을 헤지하기 위해 A 기업은 금융기관에 3개월 선도 환율 1,108원으로 매도하기로 함으로써(금융기관에서는 1,108원으로 매입) 미국 기업으로부터 받을 금액을

$$1,000,000 \times 1,108 = 1,108,000,000\,(\text{원})$$

으로 고정하는 거죠. 환율이 어떻게 변하든지 이 금액으로 받겠다는 의미입니다. 만약 수입기업이면 즉, 3개월 후 100만 불을 지급할 예정이면 3개월 선도 환율 1,115원으로 매입하여 환율 변동 위험을 헤지할 수 있습니다.

헤지를 정의할 때 손실을 줄이는 것이 아니라 가능성을 줄인다고 했죠. 헤지 전략을 취한다고 항상 손실을 줄이는 것이 아니란 말입니다. 오히려 헤지를 않는 것이 헤지 전략을 취하는 것보다 좋은 결과를 가져올 수도 있습니다. 3개월 후 환율이 1,108원보다 낮으면 A 기업은 헤지를 취하는 것이 유리하고 1,108원보다 높으면 헤지를 않는 것이 유리하죠. 왜냐하면, 환율이 1,108원보다 높아서 A 기업은 1,108,000,000원보다 더 받을 수 있는데 헤지를 해서 1,108,000,000원만 받아야 하니까 헤지를 않는 것이 좋죠. 이러한 이유로 많은 재무담당자(CFO)들이 헤지 하기를 주저하기도 합니다. 자기는 기업위험을 감소시키기 위해 헤지를 했는데 결과가 오히려 기업에 손실을 줘 최고경영자나 주주들에게

"당신 뭐 하는 사람이야."

라고 핀잔을 받을 수 있으니까요.

자, 그럼 선도가격은 어떻게 구할까요? 선도가격은 기초자산, 만기까지

시간 그리고 무위험 이자율에 의해 결정 됩니다. 기초자산을 S라하고 만기까지의 시간을 T, 그리고 무위험 이자율을 r이라 하면 선도가격 F는 다음과 같습니다.

$$F = Se^{rT}$$

"난 수식 너무 싫어, 데이터만 입력하면 구해주는 도구 없나요?"

물론 있습니다. 오픈 소스 프로그램인 파이선(Python)이나 R 프로그램을 사용하면 전문적인 수학 지식이나 코딩 실력 없이도 가능합니다.

〈그림 3.4〉는 R에서 현재 기초자산(주식)이 100원이고 무위험 이자율이 0.05, 그리고 만기가 6개월(0.5)인 선도가격(102.532원)을 구해줍니다. 필요한 데이터만 여러분이 왼쪽 위 상자에 입력하면 결과를 얻을 수 있습니다. 너무 쉽지 않나요?

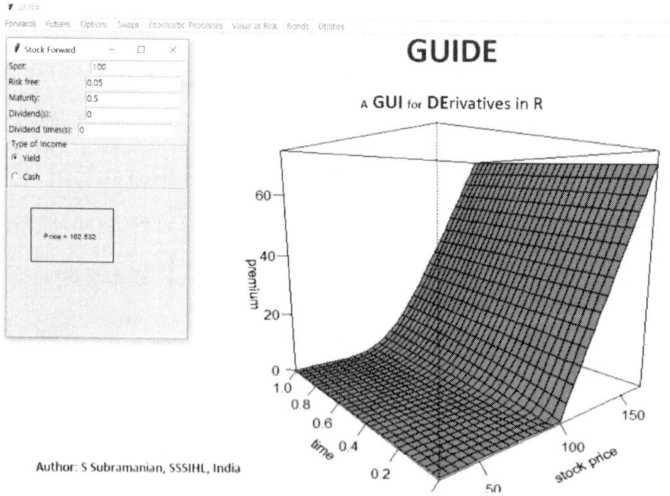

그림 3.4 R을 이용하여 주식 선도가격을 구할 수 있습니다.

위 작업을 하기 위해 www.r-project.org에서 먼저 R 프로그램을 다운로드 해 설치하고 www.r-studio.com에서 그래픽유저인터페이스(GUI) RStudio를 다운받고 설치하세요. 순서가 중요합니다. 먼저 R을 설치하시고 RStudio를 설치해야 합니다. 그런 다음, RStudio에서 GUIDE 패키지를 install하여 명령 창에 GUIDE()라고 입력하면 위 그림이 나옵니다. 그리고 필요한 값을 해당 창에 입력하면 끝입니다. 꼭 직접 해보시기 추천합니다.

R은 데이터를 분석하는 도구로 통계분석, 기계학습, 텍스트 마이닝, 데이터 시각화 등 전 세계 데이터 분석가들이 자주 사용하는 프로그램입니다. R을 사용하는 이유는 많은 이유 중 하나가 무료라는 점입니다. 전 세계 전문가들이 패키지를 만들어 온라인에 공개하고 있습니다. 특히 거의 모든 형태의 그래프를 아주 쉽게 만들 수 있습니다.

여러분도 이제 금융 전문가에 입문하셨습니다.

3.3 선물(future)

〈그림 3.5〉는 자크 루이 다비드(Jacques-Louis David)의 〈사비니의 여인들〉이라는 그림입니다. 다비드는 프랑스 대혁명 당시 혁명정부를 지지한 혁명 화가입니다. 대혁명이 발발하자 혁명세력의 일원이 되어 혁명의 이념을 그린 예술가이죠. 특히 혁명 동지인 마라가 암살되자 〈마라(Marat)의 죽음〉이라는 작품으로 슬픔을 같이했던 인물이기도 합니다. 하지만 나폴레옹 정부가 들어서자 혁명을 헌신짝처럼 저버립니다. 아마 여러분

그림 3.5 자크 루이 다비드, 〈사비니의 여인들〉, 캔버스에 유채, 385 x 522cm, 1799년, 프랑스 파리, 루브르 박물관. 루브르 박물관에서 사람의 눈길을 가장 많이 받는 〈모나리자〉를 제외하고 세 작품이 있는데 모두 다비드 그림입니다. 〈사비니의 여인들〉, 〈호라티우스 형제의 맹세〉, 그리고 영화 '300'으로 유명한 〈레오니다스〉 그림입니다.

들도 알프스를 넘는 나폴레옹 그림을 본 적 있을 것입니다. 저자가 초등학교 다닐 때 자습서 겉표지가 나폴레옹 그림이었습니다. 다비드의 작품입니다.

프랑스가 사라지지 않는 이상 다비드는 영원히 기억될 것입니다. 왜냐하면 프랑스 삼색기, 파랑, 하양, 빨강의 프랑스 국기를 고안한 사람이 바로 다비드이기 때문입니다.

〈사비니의 여인들〉 그림을 보죠. 이 그림은 로마 건국의 아버지 로물루스(Romulus) 이야기입니다. 오른쪽에 창을 던지려는 사람이 로물루스입니다. 사건은 초기 로마 시대 여자가 많지 않은 로마는 사비니에서 여인들을 납치합니다. 로마 남자들은 납치한 여인을 아내와 맞이하고 로물루스 자신도 사비니 왕의 딸, 헤르실리아(Hersilia)와 결혼합니다.

그림 3.6 자크 루이 다비드, 〈알프스산맥을 넘는 나폴레옹〉, 캔버스에 유화, 272 x 230 cm, 1801년, 프랑스 파리 루브르 박물관. 나폴레옹이 실제로 알프스를 넘을 때 탄 것은 멋있는 말이 아니라 노새라고 합니다. 그림처럼 미화한 것을 보면 다비드의 처세술을 느낄 수 있습니다.

〈그림 3.5〉는 몇 년이 지나 사비니의 타티우스(Tatius) 왕은 복수를 결심하고 로마로 쳐들어와 전투하는 장면입니다. 그림에서 가운데 싸움을 말리는 여인이 헤르실리아입니다. 들리시나요, 그녀의 절규가. 남편 로물루스에게

"여보, 이분은 장인어른이십니다. 지금 무슨 짓을 하는 겁니까?"

라고 말하고 나서 그리고 자기 아버지 타티우스에게 외치죠.

"아버지, 오빠들, 저희는 지금 이토록 예쁜 손주, 손녀를 낳고 잘살고 있어요, 제발 이 전쟁 그만두기를 이렇게 애원합니다."

그림 3.7 자크 루이 다비드, 〈마라의 죽음〉, 캔버스에 유채, 165 x 128.3cm, 1793년, 브뤼셀, 벨기에 왕립 박물관. 마라는 프랑스 대혁명 때 급진주의자의 대표인데 집무실의 욕실에서 암살당합니다. 원본은 브뤼셀의 벨기에 왕립 박물관에 있고 루브르 박물관에 있는 것은 복사본이라고 합니다.

동양에도 헤르실리아와 비슷한 처지의 인물이 있죠. 왕소군(王昭君)입니다. 전한(前漢) 시대 미모의 궁녀였으나 흉노족과 화친 정책으로 흉노왕에게 시집간 불운한 여성입니다. 재미있는 일화가 있습니다. 한나라 왕은 궁녀들의 초상화를 보고 뽑았기에 궁녀들은 화공에게 뇌물을 주며 예쁘게 그려 달라고 했습니다. 왕소군은 그러지 않았기에 화공은 그녀를 추하게 그렸습니다. 왕은 초상화를 보고 가장 못생긴 궁녀를 골랐는데 흉노로 가기 전 직접 만나 보니 천하의 미인 왕소군이었습니다.

"내 이놈의 화공을"

중국 그림에 악기 비파를 들고 있는 미인은 왕소군입니다. 왕소군은 서시, 양귀비, 우희와 함께 고대 중국 4대 미녀 중 1명으로 손꼽히는 인물입니다. 그녀와 관련된 낙안(落雁)이라는 고사성어가 있습니다. 낙안은 왕소군을 지칭하는 말입니다. 낙안은 기러기가 왕소군의 미모에 반해 날갯짓을 잊고 떨어졌다는 전설에서 나온 용어입니다.

머나먼 이국땅에서 조국에 두고 온 가족을 그리워하는 왕소군의 상황을 당나라 시인 동방규(東方虬)는 아래와 같은 유명한 구절을 남겼죠.

胡地無花草(호지무화초)
春來不似春(춘래불사춘)

오랑캐 땅에 꽃과 풀이 없으니
봄이 와도 봄 같지 않다.

선물은 어떤 파생상품일까요? "중재가 필요해"

선물(future) 계약은 선도와 같이 미래 일정 시점에 특정 기초자산을 특정 가격으로 사거나 파는 계약입니다. 여기에 선도 계약과 같은 두 거래 당사자 간의 거래에서 발생하는 분쟁, 계약불이행을 중재하는 시스템을 갖춥니다. 선물 계약은 공식적인 거래소(정산소라고 합니다)에서 거래되어 신용위험으로부터 어느 정도 자유롭습니다. 거래소에서는 기초자산, 1계약의 규모, 인도 조건과 인도 날짜, 장소 등을 정확히 규정하여 표준화합니다. 선물가격은 수요와 공급의 법칙에 따라 거래자들이 매입하기를 원하면 가격은 상승하고 매도하기를 원하면 하락합니다.

선물 계약의 매력 포인트 중 하나가 포지션 청산이 쉽다는 사실입니다. 대부분 선물 계약은 만기에 인도하지 않습니다. 인도 기간 이전에 선물 포지션을 마감하기 때문입니다. 포지션을 마감한다는 의미는 처음 포지션과 반대 포지션을 취하는 것을 말합니다. 예를 들어, 3월 1일에 9월 1일 만기 구리 선물 1계약을 매입했다면 만기 전 구리 선물 1계약을 매도 계약을 체결함으로써 포지션을 마감할 수 있습니다.

시간이 지나 선물 계약이 만기에 가까워지면 선물가격은 현물가격에 수렴하게 됩니다. 만약 가격 수렴이 나타나지 않으면 차익거래(arbitrage) 기회가 생기기도 합니다. 차익거래(arbitrage)는 금융에서 매우 중요한 개념입니다. 간단하게 차익거래(혹은 재정거래)는 서로 다른 두 개 이상의 시장에서 가격 차이를 이용하여 전혀 위험 없이 수익을 창출하는 거래입니다. A 은행의 금리가 5%이고 B 은행의 경우 6%이면 A 은행에서 대출받아 B 은행에 예금하면 앉아서 1%의 이익을 얻겠죠. 차액거래는 아주 짧은 시간에 이루어져 곧 사라지게 됩니다. 누구나 알면 달려들어 시도할 테니까요. 그래서 주로 대형 펀드에서 컴퓨터 프로그램을 이용한 알고리즘 트레이딩을 통해 짧은 시간 단위로 수익을 내는 방식으로 사용됩니다.

선물 계약의 선물가격이 현물가격보다도 높은 경우를 콘탱고(contango)라 합니다. 이와 반대로, 선물 계약의 가격이 현물가격보다도 낮은 경우를 백워데이션(backwardation)이라 합니다. 선물 시장은 현물 시장의 영향을 받는 것이 정상이지만 이와 반대로 선물 시장이 현물 시장에 영향을 미치는 경우가 있습니다. 이러한 현상을 개가 꼬리를 흔드는 것이 아니라 꼬리가 개를 흔드는 것에 비유하여 "왝더독(wag the dog)" 효과라고 합니다. 더스틴 호프만과 로버트 드니로가 나왔던 영화 "Wag the dog"를 보면 대통령이 성 추문을 무마하기 위해 전쟁을 일으키는 장면이 나옵니다. 이처럼 불미스러운 사건을 무마하기 위해 시선을 다른 곳으로 돌리고자 사용하는 방식을 의미하는 정치 용어로도 사용됩니다.

선물 계약에서 중요한 메커니즘으로 일일 정산과 증거금 제도가 있습니다. 투자자가 현재 3월 1일에 9월 만기 금 선물 계약을 하려면 거래소 브로커와 접촉하여야 합니다. 만약 금 선물가격이 온스(ounce, 약 31.1 그램(g)=약 8.3돈입니다)당 2,000달러라고 하면 금 선물 1계약은 100 온스이므로 브로커는 투자자에게 증거금 계정(margin account)에 자금을 예치할 것을 요구합니다. 계약 시점에 예치하는 금액을 개시 증거금(initial margin)이라 합니다. 개시 증거금은 원래 금액(100×2,000달러)의 전부가 아니라 50~60%를 요구합니다. 선물 계약의 매력 중 하나입니다.

선물거래의 손익은 매일 거래 종료 시점에서 정산하여 증거금 계정에 입, 출금됩니다. 이렇게 하는 것을 일일 정산(daily settlement 혹은 marking to market)이라 합니다. 그다음 날부터 매일같이 종가기준으로 일일 정산이 이루어집니다. 예를 들어, 첫날 금 선물 종가가 1,800달러이면

$$200 \times 100\,(\text{달러}) = 20{,}000\,(\text{달러})$$

즉 온스당 200달러의 손실이 발생하여 증거금 계정에서 20,000달러가 빠져나갑니다. 마찬가지로 만약에 종가가 2,200달러이면 증거금 계정에 20,000달러가 들어옵니다. 투자자는 개시 증거금을 초과하는 금액을 언

제든지 찾을 수 있습니다.

거래소는 투자자의 계정 잔액이 적어 발생하는 계약 불이행을 예방하기 위해 증거금 잔액이 항상 어느 수준 이상을 요구하는데 이를 유지증거금(maintenance margin)이라 합니다. 만약에 증거금 잔액이 유지증거금 이하가 되면 투자자는 증거금 납입 요청을 받게 되는데 이를 마진콜(margin call)이라 합니다. 마진콜을 받으면 그다음 날까지 개시 증거금 수준으로 증거금을 보충해야 합니다. 선물 투자를 하는 분들은 이런 마진콜을 감당할 수 있어야 합니다. 추가 증거금을 예치하지 않으면 브로커는 체결한 선물 계약을 임의로 매도함으로써 포지션을 마감합니다.

지금까지 설명한 선도 계약과 선물 계약을 요약하면 아래와 같습니다.

표 3.2 선도 계약과 선물 계약은 비슷한 구조를 가지지만 위에서 요약한 대로 차이점도 확연합니다.

선도 계약	선물 계약
거래 당사자 간의 계약	거래소에서 계약
비표준화	표준화
계약 만기에 정산	일일 정산
신용위험 존재	신용위험 없음

우리나라에서는 1996년 한국증권거래소가 KOSPI200 지수를 대상으로 하는 선물을 상장한 것이 최초의 선물거래입니다. 이태호의 《시장의 기억》에 의하면 이미 1896년 조선 최초의 쌀 선물거래가 인천 미두취인소(仁川米豆取引所)에서 거래되었다고 합니다. 취인소는 지금의 거래소 역할을 하고 소액의 증거금으로 미래의 쌀값을 예측해 사고파는 거래가

성행했다고 합니다. 하지만 일제가 동양척식주식회사를 건립해 토지수탈을 시행한 것처럼 미두취인소를 통해 우리나라의 자본을 수탈한 아픈 기억이 되살아납니다.

그림 3.8 오늘날 증권거래소인 미두취인소 그림입니다. 이태호의 《시장의 기억》에서는 미두 시장에서 가장 극적으로 돈을 많이 번 반복창이란 인물이 소개됩니다. 그는 1년 만에 당시 돈의 단위로 400원으로 40만원을 재산을 일구었다고 합니다.

재미있는 우리말의 유래 ❸

'야단법석'/홍산(紅山) 이훈재

이 말은 불교에서 유래된 말로서, "야단(野壇)"이란 "야외에 세운 단"이란 뜻이고, '법석(法席)'은 원래 불교 용어로 '법회석중(法會席中)'이 줄어서 된 말로 "불법을 펴는 자리"라는 뜻입니다. 즉, "야외에 자리를 마련하여 부처님의 말씀을 듣는 자리"를 밀합니나.

석가모니가 영취산에서 대중에게 법화경을 설파할 때 사람들이 너무 많이 모여서 실내 법당에 다 사람들을 다 수용할 수가 없자 야외에 임시로 자리를 만들고 불법을 설파하였는데 부처님의 가르침을 듣기 위해 사람들이 너무 많이 모이다 보니 여기저기서 고성방가와 자리싸움(부처님을 더 가까이서 보고 말씀을 더 잘 듣기 위해서) 등이 끊이지 않고 어수선했다고 합니다. 이 당시 모인 사람의 수가 무려 삼백만 명이었다고 합니다. 이후로 야단법석이라는 말이 생겼습니다.

한편 경주를 대표하는 불국사 대웅전 앞뜰에는 국보 제20호인 다보탑과 국보 제21호인 석가탑이 정삼각 공간 구조의 꼭짓점을 형성하면서 나란히 마주하고 있습니다. 알려진 바와 같이, 석가탑과 다보탑은 석가여래와 다보여래의 모습을 형상화한 1300년 전의 남북조시대(통일신라시대)의 작품입니다. 주지하다시피 석가탑 주변에는 영취산에 모인 부처님의 설법을 듣고자 모인 야단법석 떠드는 사람들의 모습이 석가탑 주변에 잔돌 모양으로 남아 있습니다.

4 옵션(option)

4.1 원근법 - 사실성의 정복

과학에 아인슈타인의 상대성 이론의 발견이 있다면 미술의 영역에서 원근법(perspective)의 발견은 획기적인 사건이었습니다. 원근법을 발견하기 전에는 가로수가 늘어져 있는 길이 지평선 한점(소실점)으로 사라지게 그리는 작품이 없었습니다. 사람의 눈은 3차원을 인식합니다. 그림은 2

그림 4.1 마사초, 〈성 삼위일체, 성모, 성 요한과 헌납지들〉, 프레스코, 667 x 317cm, 1425~8년경, 피렌체 산타 마리아 노벨라 성당. 벽화 하단부에는 누워 있는 해골이 그려져 있습니다. 아담의 해골로 알려져 있는데 이런 해골 그림 주제는 흔히 "메멘토 모리(Memento mori)", 즉 "죽음을 기억하라"로 소개됩니다. 여기에는 이렇게 쓰여 있습니다. "나도 한때 당신과 같았고 당신 역시 언젠가 나와 같이 될 것이다."

차원 평면입니다. 2차원 평면에 3차원 세계의 거리감을 표현하게 해준 마법의 기술이 원근법입니다.

원근법을 발견한 사람은 화가가 아닌 건축가 브루넬레스키(Brunelleschi)라고 합니다. 그는 단테의 고향 피렌체의 대성당 돔을 건축한 사람입니다. 이러한 원근법에 근거하여 그려진 최초의 그림이 마사초(Masaccio)가 그린 피렌체의 산타 마리아 노벨라 성당의 벽화 〈성 삼위일체, 성모, 성 요한과 헌납자들〉입니다. 르네상스의 시작을 문학에서는 알리기에리 단테(Dante Alighieri)의 《신곡》을 기점으로 보기도 하는데, 미술에서는 마사초(Masaccio)의 등장을 르네상스 미술의 출발로 이야기합니다.

십자가 아래 왼쪽에 손을 들고 있는 사람이 성모이고 오른쪽은 요한입니다. 무릎 꿇고 앉아 있는 부부가 헌납자들입니다. 그림을 자세히 보면 인물들이 마치 3차원 조각상처럼 보입니다. 마사초는 성부의 머리에 소실점을 두는 원근법을 사용하여 손으로 그들을 직접 만져볼 수 있는 것만 같은 효과를 얻어냈습니다. 이러한 그의 작품은 후대에 엄청난 영향을 미칩니다. 특히 미켈란젤로가 존경하는 인물이 마사초라고 합니다. 시스티나 성당의 천장화의 모티브가 마사초의 〈낙원으로부터 추방〉이라고 합니다. 하느님의 말을 듣지 않고 선악과를 따 먹은 아담과 이브가 에덴동산에서 쫓겨나는 장면으로 등장인물들의 절망감이 생생하게 드러납니다. 불행히도 천재 마사초는 20대에 요절하고 맙니다.

1795년 정조는 아버지 사도세자의 묘소인 화성의 현륭원을 방문하고 어머니 혜경궁 홍씨 환갑을 기념하기 위해 화성을 행차합니다. 화성 행차도는 8폭 병풍으로 정조시대 회화의 최고 수준을 보여줍니다. 〈그림

그림 4.2 마사초, 〈낙원으로부터 추방〉, 프레스코, 208 x 88cm, 1425~28년, 피렌체 산타 마리아 델 카르미네 예배당. 마사초는 단 사흘 만에 이 신성모독이 가득한 〈낙원으로부터 추방〉을 그렸다고 합니다. 하느님의 천사인 케루빔이 아담과 이브를 불칼을 들고 그들을 쫓아내는 모습이 인상적입니다. 쫓겨나는 이들의 비참한 심경을 이렇게도 침통하게 표현한 그림이 있을까요?

4.3〉은 8폭 그림 중 화성행궁을 떠나 한양으로 돌아오는 중간에 시흥 행궁 앞의 장대한 행렬을 그린 〈환어행렬도(還御行列圖)〉입니다. 그림의 구조를 지그재그식으로 배치하고 끝없는 행렬을 원근법으로 표현하였습니

다. 그런데 그림에 정조를 찾을 수 없습니다. 왜 그럴까요? 조선 시대 왕의 어진(초상화)은 그렸으나 그 외 임금님의 모습은 그리지 않는 것이 원칙이었다고 합니다. 한양으로 돌아오는 길에 정조는 마을의 한 노인에게

그림 4.3 김득신 외, [화성능행도] 제7폭 〈환어행렬도〉, 비단에 채색, 156.5 x 65.3cm, 1795년경, 삼성미술관 리움. 장대한 행사 장면을 효과적으로 배치한 구성력, 다양한 표현 형식과 화려하고 밝은 색채, 그리고 자유로운 풍속 장면의 삽입 등이 이 그림의 매력입니다. 표현 방식은 김홍도의 그림에 나타나는 양식으로 이 병풍이 김홍도 화풍으로 제작되었음을 보여주는 요소라고 합니다.

삶의 어려움을 듣는 등 백성과 소통하기를 원하는 지도자였습니다. 정조는 지독한 독서광이었습니다. 사관이 적절한 문구를 못 찾아 헤매는 경우가 있으면 정조가

"무슨 책 몇 쪽에 있어."

라고 했습니다. 정조 못지않은 독서광이 있습니다. 인구 당 서점 수가 가장 많은 나라, 문화 강국 아르헨티나가 낳은 세계적인 시인이자 소설가 호르헤 보르헤스(Jorge Borges)입니다. 자기가 쓴 글을 절대 다시 읽지 않는 거로 유명합니다. 지병과 독서로 눈을 잃은 그에게 자신의 실명에 관해 물으니

"책과 밤을 선물한 신의 아이러니."

라고 말한 보르헤스. 얼마나 멋진 표현인가요. 저자가 좋아하는 아르헨티나 출신 인물이 있습니다. 노래로 아르헨티나 아니 라틴 아메리카의 억압받던 정의와 자유를 심어준 민중 가수 메르세데스 소사(Mercedes Sosa)입니다. 그녀의 노래는 무겁고 엄숙합니다. 오랜 망명 생활을 마치고 귀국해 듣는 이를 모두 울린 〈Gracia A La Vida〉를 들어보기 바랍니다.

내게 많은 것인 희망, 좌절, 분노, 기쁨 등을 가져다준 삶에 감사하다는 내용입니다. 저자가 좋아하는 가수 한영애의 목소리보다 깊이가 더한 것 같습니다.

"살아있음에 감사를-나는 너무 많은 것을 받았습니다.
신은 나에게 두 개의 별을 주셔서, 눈을 뜰 때마다 검은색과 흰색을 완벽히 구별하게 하셨습니다. 저 높은 하늘 뒤에 가득한 별빛들을 구

분하게 하셨고, 수많은 군중 가운데에서도 내 사랑하는 사람을 발견하게 하셨습니다.

살아있음에 감사를 – 나는 너무 많은 것을 받았습니다.
신은 나에게 들을 수 있는 귀를 주셨습니다. 그 모든 숨소리와 낮과 밤이 지나가는 소리, 크리켓 소리, 카나리아, 망치, 터빈 돌아가는 소리, 벽돌이 깨지는 소리, 폭풍우, 그리고 부드러운, 내 사랑하는 이의 목소리를 듣게 하셨습니다.

살아있음에 감사를 – 나는 너무 많은 것을 받았습니다.
신은 나에게 소리와 언어를 주셨으므로, 나는 사고하며 선언합니다. 어머니, 형제, 친구 그리고 빛, 그 비추임을 따라 선택한, 내 사랑하는 이의 영혼의 길을.

살아있음에 감사를 – 나는 너무 많은 것을 받았습니다.
신은 내가 걸을 수 있게 하셨습니다. 나는 지친 두 발로 행진합니다. 도시들 연못들 해변들 그리고 사막과 산과 평야를. 당신을 향하여. 그 거리를 지나 당신의 정원 안으로.

살아있음에 감사를 – 나는 너무 많은 것을 받았습니다.
신은 내게 심장을 주셨지만, 그 심장은 터질 것 같습니다 - 인간의 머리, 그 사상과 신념이 이루어내는 결실들을 볼 때, 선이 악으로부터 그렇게 먼 것을 볼 때, 그리고 당신의 맑은 눈을 깊이 들여다볼 때 내 심장은 터질 것 같습니다.

살아있음에 감사를 – 나는 너무 많은 것을 받았습니다.
신은 내게 웃음과 함께 눈물도 주셨습니다. 그래서 나는 부서지는 듯한 고통 가운데에서도 행복을 봅니다. 그것이 나의 노래를 이루는 두 가지 요소입니다. 그것은 당신의 노래이자 나 자신의 노래이기도 합니다. 세상의 모든 노래는 그렇습니다.

살아있음에 감사합니다.
살아있음에 감사합니다.
살아있음에 감사합니다."

4.2 혁신이란?

너나 할 것 없이 혁신(innovation)을 외치던 시절이 있었습니다. 물론 지금도 많은 지도자가 혁신을 부르짖고 있습니다. 혁신이란 무엇인가요?

혁신을 사회문화적으로 가장 잘 정의한 학자가 오스트리아 출신 미국 경제학자 조지프 슘페터(Joseph Alois Schumpeter)입니다. 그는 혁신을 '창조적 파괴'라고 주장합니다. 핵심 내용은 혁신을 완성하기 위해서는 파괴가 전제되어야 한다는 사실입니다. 기존의 틀과 관념을 버리지 않고서는 혁신을 이루기가 어렵다는 말입니다. 이런 전제 없이 무조건 새로운 것을 만들어내는 것은 진정한 의미의 혁신이 아닙니다.

창업(創業)과 수성(守成) 중 어느 것이 어려울까요?

우리나라에 세종대왕이 있다면 중국에는 당 태종이 있습니다. '정관의 치(治)'라고 하는 중국 역사상 최고의 황금시대를 이끌었던 성군입니다. 그는 항상 군주의 도리와 국정 운영을 신하들과 토론하여 문제를 해결했다고 합니다.

소통하는 진정한 리더십의 제왕입니다. 오긍(吳兢)이 당 태종의 이러한 모습에 감명받아 후세 왕들의 본보기를 보이기 위해 집필한 책이 바로 《정관정요(貞觀政要)》입니다. 신하의 직언을 기꺼이 받아들이고 항상 최선의 군주가 되어야 한다는 점을 매일 자각하며 개선한다는 것이 정관정요의 주된 내용입니다. 당 태종은 줄기차게 올라오는 신하들의 진언과 충고를 매우 기뻐하고 지당한 말이라 칭찬하며 필요하면 자기 생각이 어리석었다고 고백하고 즉시 수정하는 등, 여느 군주들에게서는 도저히 찾아보기 힘든 태도를 보였습니다.

군주 자신보다 똑똑한 부하를 몇 명이나 거느리냐가 군주의 그릇의 크기를 가늠할 수 있습니다. 위징(魏徵), 방현령(房玄齡), 두여회(杜如晦) 등 훌륭한 신하가 있었기에 당 태종의 '정관의 치'가 가능했습니다. 특히 위징은 당 태종이 몇 번이고 죽이고 싶을 정도로 무슨 일이건 그냥 넘어가는 법이 없이 직언을 올리는 까슬까슬한 인물입니다. 마당은 비뚤어져도 장구는 바로 치는 인물이죠. 《정관정요》에 태종은 신하들이 모인 자리에서 이런 질문을 합니다.

"창업과 수성 중에 어느 쪽이 더 어려우냐?"

방현령이 창업은 최후의 승리자만이 할 수 있는 것인 만큼 창업이 어려운 일이라고 대답합니다. 그러나 위징의 대답은 달랐습니다. 그는

> "임금의 자리는 간난(艱難) 속에서 어렵게 얻어 안일(安逸) 속에서 쉽게 잃는 법"

이라며, 그런 만큼 수성이 어렵다고 말합니다. 당 태종은 두 사람 모두 맞는 말이지만 위징의 수성에 조금 더 무게 중심을 둡니다. 위징은 또한

성군과 어리석은 임금의 차이점을 다음과 같이 역설합니다.

> "성군은 다양한 의견을 수렴하지만 어리석은 임금은 한쪽 말만 듣습니다. 임금이 다양한 의견을 수렴해야 간교한 무리가 임금의 눈을 가리지 못하고 천하의 실정이 왕에게 제대로 전달되는 것입니다."

구맹주산(狗猛酒酸)이라는 사자성어가 《한비자(韓非子)》에 나옵니다.

"개가 사나우면 그 집 술이 시다."

는 뜻으로 나라에 간신이 많으면 충직한 신하들이 떠나 결국 망하게 된다는 의미입니다. 《한비자》는 간신과 술집의 사나운 개의 공통점을 나라의 임금이나 술집 주인의 이해와는 관계없이 자기 욕심에 따라 행동한다고 주장합니다.

> 術之不行, 有故. 不殺其狗, 則酒酸 (술지불행, 유고, 불살기구, 즉주산)
> 夫國亦有狗, 且左右皆社鼠也 (부국역유구, 차좌우개사서야)

> "통치가 행해지지 않는 데는 이유가 있다. 술집에 있는 사나운 개를 죽이지 않으면 술은 쉬게 마련이다. 나라에도 그 개와 같은 자가 있다. 측근의 간신들은 모두가 들끓어도 죽이기 어려운 사당에 사는 쥐와 같다."

무겁고 무서운 말입니다.

왜 수성이 창업보다 어려울까요? 왜 혁신이 어려울까요?

창조적 파괴를 하지 않기 때문입니다. 인도에 관련된 영상을 보면 길 위에 누워 있는 소들이 교통을 방해하는 모습을 볼 수 있습니다. 소를 신성시하는 환경 속에서 누구 하나 소를 길 위에서 쫓아내려는 일을 꺼립니다. 회사 문화는 어떤가요? 직장인들은 선례를 남기기 싫어하는 것 같습니다.

"이것은 창업주께서 만든 규칙이라 어쩔 수 없어요."

분명 문제가 존재하지만 불편하다는 이유로 거론하지 않으면 혁신은 절대 이룰 수가 없습니다. 2세대 창업주는 너무 효자일 필요가 없습니다. 지금까지 부모님이 이루어 놓은 규칙과 이념 모두를 그대로 유지하기보다는 시대정신에 맞는 새로운 비전이 있다면 과감히 기존의 규칙을 버려야 합니다. 틀림없이 창업주께서는 기뻐하실 겁니다.

혁신을 잘 설명하는 분자 반응식이 있습니다. 산과 염기의 중화반응입니다.

$$HCl + NaOH \rightarrow NaCl + H_2O$$

염화수소(HCl)와 수산화나트륨(NaOH)을 혼합하면 소금(NaCl)과 물(H_2O)이 생성됩니다. 염화수소와 수산화나트륨은 독극물입니다. 액체 염화수소는 염산이고 수산화나트륨은 "공짜면 양잿물이라도 마신다"라는 속담의 양잿물의 원료입니다. 독극물 둘을 혼합하니 자기를 완전히 파괴하여 인류에게 꼭 필요한 소금과 물을 제공하니 이것이 혁신 아닌가요.

4.3 옵션

금융시장의 혁신은 무엇일까요? "권리를 팔아볼까?"

옵션(option)은 계약을 행사할 의무가 아닌 권리(right)를 사는 사람에게 부여하는 계약입니다. 옵션 소유자는 권리를 반드시 행사할 필요는 없습니다. 권리 행사가 손해를 가져온다면 당연히 행사하지 않을 것입니다. 선도나 선물 계약은 기초자산을 반드시 사거나 파는 의무를 지는 계약이었죠. 손해가 발생해도 울며 겨자 먹기로 의무를 져야 합니다. 하지만 옵션은 행사할 의무가 없는 대신에 선도, 선물이 계약 체결에 대한 비용이 없는 반면, 옵션은 매입하는 데 비용(옵션프리미엄)이 듭니다. 이 비용이 옵션 가격입니다. 비교적 저렴한 금액을 지급해서 얻는 것은 무엇을 해야 할 의무가 아닌 권리를 확보하는 구조입니다. 세상에 공짜는 없습니다. 의무 대신에 약간의 비용을 지급하여 권리를 삽니다. 공짜 치즈는 쥐덫 위에만 있으니 조심하셔야 합니다.

옵션에 관련된 몇 가지 용어에 대해 알아보도록 하죠. 옵션 계약에서 권리를 행사하는 시점을 행사일 혹은 만기(expiration date, expiry)라고 합니다. 만약 만기일에만 행사가 가능한 옵션을 유러피언 옵션(European option)이라 하고 어느 시점에도 행사가 가능한 옵션을 아메리칸 옵션(American option)이라 분류합니다. 선택권이 더 넓어지기 때문에 유러피언 옵션보다는 그 가치가 높습니다. 아메리칸 옵션은 만기 이전에 어느 때나 행사할 수 있지만, 버뮤다(Bermuda option) 옵션은 만기 이전에 행사할 수 있지만, 미리 정해둔 시점에만 행사할 수 있습니다.

콜옵션(call option)이란 옵션 소유자에게 미래의 약정 일에 정해진 가격(행사가격, strike price)으로 기초자산을 살 수 있는 권리를 부여하는 옵션입니다. 만약 미래 약정일(만기)이 T이고 기초자산 가격이 $S(T)$이면 유러피언 콜옵션의 손익함수는

$$\max(S(T)-K,\ 0)$$

입니다.

$S(T) > K$이면 위 식의 값은 $S(T)-K$이고 $S(T) < K$이면 값은 0을 의미합니다.

$S(T) > K$이면 옵션을 행사하여 행사가격 K에 기초자산을 구매해 시장에 $S(T)$가격으로 팔아 $S(T)-K$의 이익을 얻고 $S(T) < K$이면 소유자는 시장에서 기초자산을 보다 싸게 살 수 있으므로 행사를 하지 않을 겁니다.

풋옵션(put option)은 미래의 약정일에 행사가격 K로 기초자산을 팔 수 있는 권리를 소유자에게 부여하는 옵션입니다. 유러피언 풋옵션의 손익함수는

$$\max(K-S(T),\ 0)$$

입니다.

$S(T) < K$이면 위 식의 값은 $K-S(T)$이고 $S(T) > K$이면 값은 0을 의미합니다.

〈그림 4.4〉는 콜옵션과 풋옵션 매수, 매도포지션의 손익함수를 그린 그래프입니다. 매입과 매도의 그래프는 단지 x축에 대칭입니다. 옵션 비

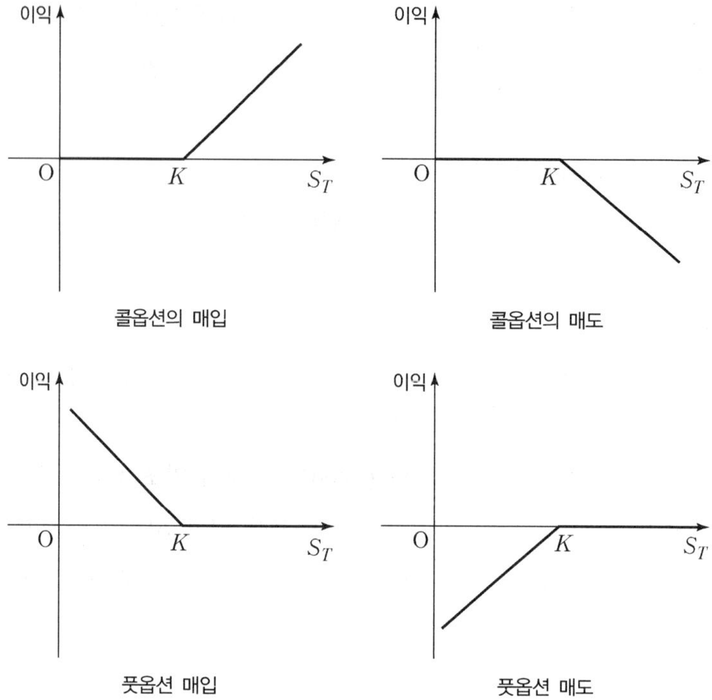

그림 4.4 유러피언 옵션의 포지션으로부터 이익 패턴. 옵션의 포지션에는 4가지 유형이 있습니다. 콜옵션의 매입, 콜옵션의 매도, 풋옵션의 매입, 그리고 풋옵션의 매도입니다.

용을 생략하여 그린 그림으로 실제 매입 그림은 위 그림보다 조금 아래에 위치하고 매도 그림은 조금 위에 위치합니다. 이번 장의 모든 옵션 관련된 그림은 편의상 옵션 비용을 생략하였습니다.

한 가지 질문을 드려볼까요? 콜옵션에서 만약 기초자산의 가격 $S(T)$가 행사가격 K보다 더 크다면 옵션 소유자는 항상 이익을 얻을까요?

꼭 그렇지는 않습니다. 옵션을 살 때 비용이 든다고 말씀드렸죠. 그러니 기초자산 가격에서 행사가격을 뺀 금액이 비용보다 많아야 이익이

나겠죠.

왜 옵션에 투자할까요?

투자자는 옵션을 통하여 레버리지 효과(leverage effect), 즉 손익확대 효과를 얻을 수 있기 때문입니다. 그런데 레버리지가 항상 좋은 결과를 가져다주는 그것은 아닙니다. 이익을 더 크게 하기도 하지만 손실도 더 크게 만들기도 하니까요. 예를 들어 설명하겠습니다.

현재 국내 A 기업의 주가는 2,000원이고 만기 6개월 행사가격이 2,200원인 콜옵션 가격이 100원이라 가정합시다. 투자 금액 2,000,000원을 가지고 A 기업의 주식 1,000(2,000,000/2,000)주를 매입하는 전략과 20,000(2,000,000/100)개의 콜옵션을 매입하는 전략을 비교해 봅시다.

예측이 맞아 6개월 후 주가가 2,500원으로 상승했다고 하면, 주식 매입하는 전략으로는

$$1,000 \times (2,500 - 2,000) = 500,000$$

의 이익을 가집니다.

한편, 콜옵션을 매입하는 전략은 콜옵션이 2,500원의 주식을 2,200원에 살 수 있으므로 콜옵션 한 개에 300원의 이익을 얻으므로 총이익은

$$20,000 \times 300 = 6,000,000$$

의 이익을 얻습니다. 옵션 매입비용

$$20,000 \times 100 = 2,000,000$$

을 차감하면 옵션을 통한 순이익은

$$6,000,000 - 2,000,000 = 4,000,000$$

입니다. 이 경우 콜옵션 매입 전략이 직접 주식 매입 전략보다 8배의 이익을 산출합니다.

항상 좋을 수만은 없죠. 세상에 좋기만 한 일은 없습니다. 참외는 달지만 꼭지는 씁니다. 만약 6개월 후 1,500원으로 하락하는 경우를 보시죠.

주식 매입하는 전략으로는

$$1,000 \times (1,500 - 2,000) = -500,000$$

500,000원 손실을 발생합니다. 옵션 매입 전략은 어떨까요? 시장에서 1,500원으로 살 수 있는데 2,200원으로 매입하는 사람이 있을까요. 당연히 콜옵션을 행사하지 않죠. 따라서 초기 옵션 매입비용만큼

$$20,000 \times 100 = 2,000,000$$

손실이 납니다. 직접 주식 매입보다 손실이 크죠.

이처럼 옵션 투자는 좋은 결과는 더 좋게 나쁜 결과는 더 나쁘게 하는 레버리지 효과가 있습니다. 단 한 가지, 옵션 투자의 이익은 이론상으로는 무한대이지만 손실은 아무리 최악의 상황에도 옵션 매입비용을 절대 초과할 수는 없습니다. 옵션이 인기 있는 이유 중 하나가 보상의 성격이 비대칭이라는 점입니다. 손실은 제한되어 있지만, 이익은 무제한입니다.

어느 신문에서 〈OO기업 스톡옵션 대박〉이라는 기사가 세간의 이목을 집중한 적이 있습니다. 스톡옵션, 정확히는 종업원 스톡옵션(employee stock option)은 기업이 임직원에게 정해진 수량의 자기 회사 주식을 특정 가격에 살 수 있도록 하는 콜옵션입니다. '주식매수청구권'으로도 불립니다. 스타트업이 인재를 확보하기 위해 혹은 종업원들이 주주의 이익

을 위하여 최선을 다하도록 유인하는 데 사용됩니다.

> "지금은 계약금과 연봉이 이 정도지만 자네가 열심히 회사를 위해 일해 회사가 잘되면 스톡옵션이 자네 노고를 충분히 보상할 거니 아무 걱정하지 말고 열심히 일해주게."

하지만 스톡옵션의 어두운 면도 있습니다. 종업원 처지에서 스톡옵션은 공염불이 될 수 있으니까요. 열심히 회사를 위해 노력했건만 고생만 하고 아무것도 돌아오는 것이 없을 수 있으니까요.

4.3.1 옵션 가격

자, 이제 좀 어려운 얘기를 할까요? 옵션의 가격은 어떻게 정할까요?

1973년은 금융에서 아주 중요한 연도로 기억됩니다. 하나는 시카고옵션거래소(CBOE: Chicago Board Option Exchange)가 개장하였고 다른 하나는 피셔 블랙(Fisher Black)과 마이런 숄즈(Myron Scholes)가 주식 옵션의 가치를 측정하는 '블랙-숄즈 모형'을 만들어냈습니다. 이 발견으로 인하여 옵션 시장은 급속히 성장하고, CBOE 같은 옵션 상품 거래소가 활성화되었습니다.

물리학에 상대성 이론이 있다면 블랙-숄즈 공식은 금융의 상대성 이론으로 불리는 금융 혁명이라고 많은 찬사를 받았습니다. 1997년 블랙-숄즈 공식을 발견한 공로로 숄즈는 로버트 머튼(Robert C. Merton)과 함께 노벨경제학상을 받습니다. 불행히도 블랙은 1995년 사망하여 노벨상을 받지 못했습니다.

$$\frac{\partial c}{\partial t}+rS\frac{\partial c}{\partial S}+\frac{1}{2}\sigma^2S^2\frac{\partial^2 c}{\partial S^2}=rc$$

갑자기 웬 외계 문자 아니면 암호? 위 식이 그 유명한 블랙-숄즈 편미분 방정식입니다. r은 무위험 이자율, σ는 변동성, S는 기초자산을 나타냅니다. c는 기초자산 S에 대한 콜옵션의 가격입니다.

콜옵션의 가격은 항상 고정된 값이 아니라 변화하겠죠. 변화하는 양을 측정하는 방법은 없을까요? 네, 있습니다. 여러분이 고등학교 때 배운 미분이 변화량을 측정해 줍니다.

"미적분 너무 싫은데."

위의 식은 시간 t와 기초자산의 가격 S이 변할 때 콜옵션 가격의 변화를 나타내는 식입니다. 그러니까, 위 편미분방정식의 해(solution)가 바로 콜옵션의 가격입니다. 물론 이런 문제를 푸는 일은 수학자나 물리학자가 해결하니 필요하신 분은 결과를 가져다 쓰시면 됩니다.

"저런 걸 왜 풀려고 하지? 그냥 보기만 해도 눈이 도는데."

위 편미분방정식의 해, 즉 유러피언 콜옵션의 가격 공식은 아래와 같습니다.

$$c=S_0N(d_1)-Ke^{-rT}N(d_2)$$

여기서,

$$d_1=\frac{\ln(S_0/K)+(r+\sigma^2/2)T}{\sigma\sqrt{T}},\ d_2=d_1-\sigma\sqrt{T}$$

이고, N은 표준정규분포의 누적 분포함수입니다.

금융 수학을 전공하는 사람은 누구나 다 아는 공식이지만 전혀 모른다고 걱정하지 마세요. 계산해주는 도구를 사용해서 해결하시면 됩니다.

우선, 콜옵션의 가격을 구하기 위해 어떤 것을 알아야 할까요? 5가지가 필요합니다. 콜옵션의 가격은 현재 기초자산의 가격 S_0, 행사가격 K, 무위험 이자율 r, 변동성 σ, 그리고 만기까지 시간 T에 의해 결정됩니다.

선도가격을 R 프로그램의 GUIDE() 패키지를 사용해서 구했듯이 콜옵션의 가격도 GUIDE()를 이용하면 1분도 걸리지 않아 구할 수 있습니다.

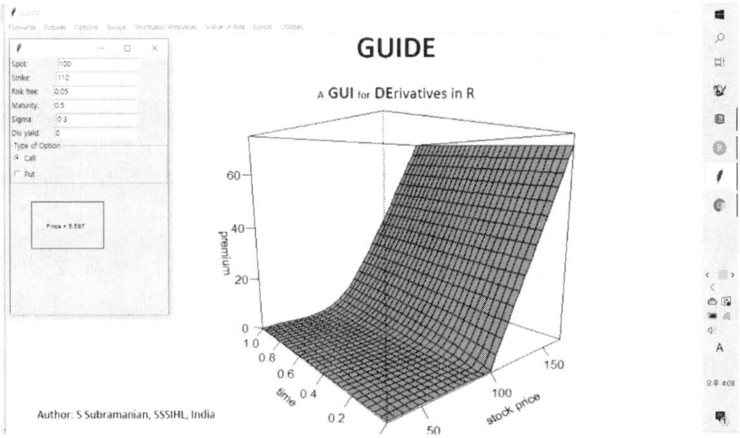

그림 4.5 R을 이용하여 콜옵션의 가격 구하기

GUIDE()를 실행하여 options → Black Schloes 창을 열어 위 그림 왼쪽 상단 창에 spot에 현재 기초자산 가격(100), strike에 행사가격

(110), Risk free에 무위험 이자율(0.05, 연 5%), Maturity에 만기(0.5, 6개월), 그리고 Sigma에 변동성(0.3, 연 30%)을 기재하고 Type of Option에 Call을 클릭하면 콜옵션 가격을 Price 창에 보여줍니다. 풋옵션 가격도 마찬가지로 구할 수 있습니다.

시장에서 거래되는 모든 옵션의 가격은 블랙-숄즈 공식으로 구한 가격과 같을까요? 아닙니다. 블랙-숄즈 공식은 몇 가지 기본적인 가정이 있습니다. 이러한 가정이 있어야 해를 구하기가 쉬우니까요. 그 중 치명적인 가정은 변동성이 변하지 않는 상수라는 점입니다. 현실에는 맞지 않는 가정이죠. 변동성이 변하지 않고 고정되었다는 가정을 이용하여 블랙-숄즈 공식은 옵션 가격을 구합니다.

"현실에 부합되지 않는 공식을 왜 사용하지? 그것도 상까지 받고"

하지만 블랙-숄즈 공식은 헤지 전략이나 기타 대체 모형의 벤치 모델로 금융 공학에서는 너무나 중요한 내용입니다.

옵션 가격에 영향을 미치는 5가지 요인이 있습니다. 현재 기초자산, 행사가격, 만기, 기초자산의 변동성, 그리고 무위험 이자율입니다. 이 중 한 요인의 변화가 옵션 가격과 어떤 상관관계가 있는지 알아볼게요.

먼저 기초자산, 행사가격 요인과 옵션의 가치에 대해 살펴보죠. 콜옵션의 가치는 기초자산이 상승함에 따라 증가하지만, 행사가격이 높을수록 콜옵션의 가치는 감소합니다. 반면에 풋옵션의 가치는 반대입니다. 즉, 풋옵션의 가치는 기초자산이 상승함에 따라 감소하지만, 행사가격이 높을수록 풋옵션의 가치는 증가합니다.

만기와 옵션의 가치는 어떤 관계를 맺을까요? 만기가 길어짐에 따라 아메리칸 콜옵션과 풋옵션의 가치는 일반적으로 증가합니다. 그러나 유러피언 옵션의 경우 만기와 옵션의 가치 관계는 불확실합니다.

변동성은 7장에서 자세히 다루게 됩니다. 변동성은 미래 주가 변동에 대한 불확실성을 측정하는 수단으로 사용됩니다. 변동성이 증가함에 따라 콜옵션과 풋옵션의 가치는 모두 증가합니다.

마지막으로 무위험 이자율이 상승함에 따라 콜옵션의 가치는 대체로 증가하지만, 풋옵션의 가치는 감소합니다.

4.3.2 옵션 투자

옵션을 이용한 몇 가지 투자전략을 소개하려고 합니다.

옵션의 비용을 생략하여 모든 그래프가 그려진 점 명심하시기 바랍니다. 스프레드(spread) 투자전략은 2개 이상 같은 종류의 옵션을 이용합니다. 그리고 두 옵션의 기초자산과 만기일이 같은 경우를 생각합니다. 강세 스프레드(bull spread)는 특정 행사가격(K_1)을 가지는 유러피언 콜옵션 하나를 매입하고 동시에 보다 높은 행사가격(K_2)을 가지는 유러피언 콜옵션을 매도하여 만듭니다. 강세 스프레드의 이익 구조는 아래의 그림

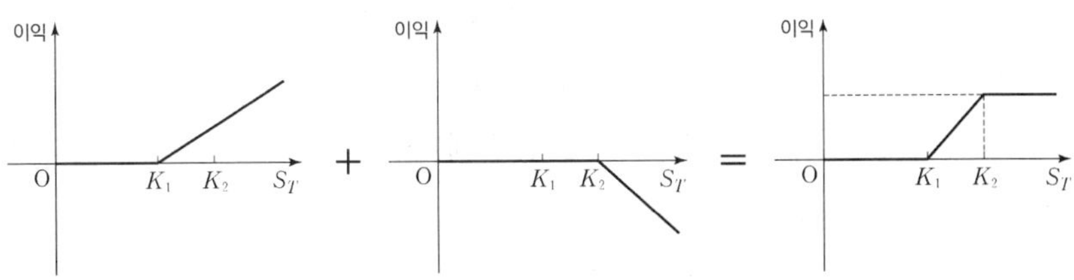

그림 4.6 콜옵션을 이용한 강세 스프레드 이익 구조

과 같습니다.

강세 스프레드는 투자자의 상향위험과 하향위험을 모두 일정 수준으로 한정하는 전략입니다. 그래프의 아래, 위가 일직선입니다. [표 4.1]은 여러 가지 상황에서 얻게 되는 강세 스프레드의 이익을 보여줍니다. S_T는 옵션만기일에 주가를 나타냅니다.

표 4.1 강세 스프레드로부터의 이익

주가 범위	콜옵션 매입 이익	콜옵션 매도 이익	강세 스프레드 이익
$S_T \le K_1$	0	0	0
$K_1 < S_T < K_2$	$S_T - K_1$	0	$S_T - K_1$
$S_T \ge K_2$	$S_T - K_1$	$-(S_T - K_2)$	$K_2 - K_1$

만기일에 주가가 행사가격 K_2보다 높으면 강세 스프레드 전략은 $K_2 - K_1$의 이익을 남깁니다. 주가가 만기일에 두 행사가격 사이에 있으면 이익은 $S_T - K_1$입니다. 강세 스프레드 전략을 취하는 투자자는 주가의 상승을 기대합니다. 강세 스프레드는 행사가격이 낮은 유러피언 풋옵션을 매입하고 행사가격이 더 높은 유러피언 풋옵션을 매도하여 만들 수도 있습니다.

주가 하락을 기대한다면 옵션을 이용한 어떤 전략을 취해야 할까요? 약세 스프레드(bear spread) 전략을 취합니다. 약세 스프레드는 특정 행사가격(K_1)을 가지는 유러피언 풋옵션 하나를 매도하고 동시에 보다 높은 행사가격(K_2)을 가지는 유러피언 풋옵션을 매입하여 만듭니다.

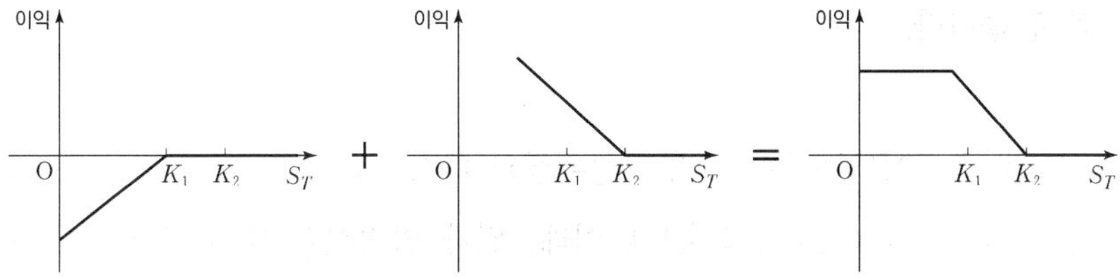

그림 4.7 풋옵션을 이용한 약세 스프레드 이익 구조

약세 스프레드의 만기일 손익을 다음과 같이 나타낼 수 있습니다.

표 4.2 약세 스프레드로부터의 이익

주가 범위	풋옵션 매입 이익	풋옵션 매도 이익	약세 스프레드 이익
$S_T \leq K_1$	$K_2 - S_T$	$-(K_1 - S_T)$	$K_2 - K_1$
$K_1 < S_T < K_2$	$K_2 - S_T$	0	$K_2 - S_T$
$S_T \geq K_2$	0	0	0

약세 스프레드 역시 상향위험과 하향위험을 모두 일정 수준으로 한정하는 전략입니다.

콜옵션을 이용한 강세 스프레드와 풋옵션을 이용한 약세 스프레드를 결합하는 전략을 박스 스프레드(box spread)라고 합니다. 박스 스프레드의 이익은 [표 4.1]과 [표 4.2]의 마지막 열을 더한 결과입니다.

표 4.3 박스 스프레드의 이익

주가 범위	콜옵션 강세 스프레드	풋옵션 약세 스프레드	박스 스프레드 이익
$S_T \leq K_1$	0	$K_2 - K_1$	$K_2 - K_1$
$K_1 < S_T < K_2$	$S_T - K_1$	$K_2 - S_T$	$K_2 - K_1$
$S_T \geq K_2$	$K_2 - K_1$	0	$K_2 - K_1$

박스 스프레드 전략의 이익은 항상 $K_2 - K_1$ 입니다.

동일 주식에 대한 콜옵션과 풋옵션을 함께 이용하는 옵션 투자전략을 콤비네이션(combination)이라 합니다. 행사가격과 만기일이 같은 유러피언 콜옵션과 풋옵션을 매입하는 콤비네이션을 스트래들(straddle)이라 합니다.

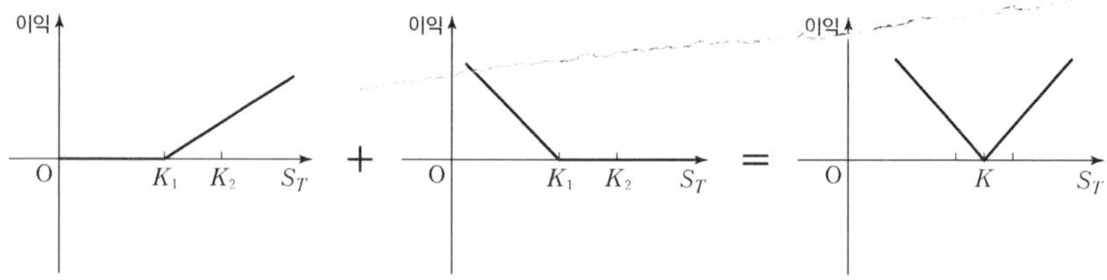

그림 4.8 스트래들 이익 구조

스트래들은 주가가 만기일에 큰 폭으로 상승하거나 하락하면 많은 이익을 얻습니다. 반면, 만기일에 주가가 행사가격에 근접하면 손해를 보는 구조입니다. 주가의 방향은 모르겠으나 큰 폭으로 변할 것으로 예측한다면 스트래들이 매우 적합합니다. 스트래들의 이익은 다음과 같습니다.

표 4.4 스트래들로부터의 이익

주가 범위	콜옵션 이익	풋옵션 이익	스트래들 이익
$S_T \le K$	0	$K - S_T$	$K - S_T$
$S_T > K$	$S_T - K$	0	$S_T - K$

만기일은 같고 행사가격이 다른 유러피언 콜옵션과 풋옵션을 동시에 매입하는 콤비네이션을 스트랭글(strangle)이라 합니다. 콜옵션의 행사가격(K_2)이 풋옵션의 행사가격(K_1)보다 높은 스트랭글의 이익 그래프입니다.

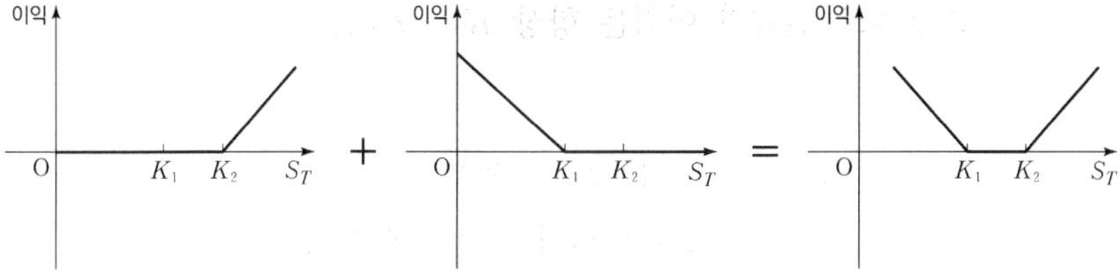

그림 4.9 스트랭글 이익 구조

스트랭글은 스트래들과 비슷한 투자전략입니다. 스트래들 이익 그래프와 비교하면 주가가 두 행사가격의 사이에 있는 경우 손해는 스트랭글이 스트래들보다 작습니다. 이익을 얻기 위해서는 스트래들보다 스트랭글의 경우 주가가 더 큰 폭으로 변해야 합니다. 스트랭글의 이익은 다음과 같습니다.

표 4.5 스트랭글로부터의 이익

주가 범위	콜옵션 이익	풋옵션 이익	스트랭글 이익
$S_T \le K_1$	0	$K_1 - S_T$	$K_1 - S_T$
$K_1 < S_T < K_2$	0	0	0
$S_T \ge K_2$	$S_T - K_2$	0	$S_T - K_2$

쉬어가는 코너

재미있는 우리말의 유래 ❹

'떼돈을 벌다'/홍산(紅山) 이훈재

한때는 '떼돈'이 '때돈', 즉 목욕탕에서 '때'를 밀어서 번 돈으로 알았었고, '떼부자' 역시 '때부자'로 오해한 적이 있었습니다. 여기서 말하는 '떼'는 사실은 몸에서 나오는 '때'도 아니고, '떼'를 지어 다니는 소 떼, 돼지 떼도 아닙니다. '떼돈'의 유래에 대하여 살펴보고자 합니다.

떼돈에서 '떼'는 나무토막을 엮어 물에 띄워 타고 다니는 것을 말하는데 떼돈은 떼를 몰고 다니는 떼꾼에서 유래됐었습니다. '떼꾼'은 조선 시대 떼를 운영하던 뱃사공을 이르는 말로, 그들은 주로 남한강 물길을 따라 목재(木材)나 물자(物資)를 운반했는데 물살이 거세고 소용돌이 구간이 많아 여간 위험한 게 아니었습니다. 하지만 먼 곳에 있는 나무를 운반하기 위한 유일한 수단이므로 다른 방도가 없다 보니 위험수당이 붙어 꽤 많은 운송료(運送料)를 받았습니다. 그러다가 흥선대원군이 임진왜란 때 불타버린 경복궁 중건에 나서면서 많은 소나무 자재를 운반해야 했고 이 많은 나무를 나를 수 있는 떼꾼들이 한강으로 몰려들어 덩달아 '떼꾼'의 몸값도 치솟았습니다. 인제에서 서울까지 운반하는데 임금은 35~40원 정도 받았다고 하는데 당시 쌀 한 말이 1.5원이었으니 대단히 많은 급여였습니다[출처: 기호일보, 2017년 11월 10일 제10면].

요약해보면, 1867년경 흥선대원군이 경복궁 중건 당시에 목재와 땔감이 활발하게 오가면서 급류의 위험을 무릅쓰고 한밑천 잡기 위해 각지에서 떼꾼들이 몰려들었고, '떼돈을 번다', '떼부자'라는 말은 여기에서 유래한 것이라고 합니다. 가히 이 당시의 '떼꾼' 또는 '떼사공'들의 몸값이 천정부지로 치솟았던 때라고 볼 수 있습니다.

한편으로, 2008년에 남대문(숭례문)이 화재로 소실되고 복원될 당시 금강송을 구한다고 언론에서 크게 떠들었던 적이 있었습니다. 다행히 강원도 삼척의 전주이씨 문중에서 금강송을 기부하겠다고 선의를 베풀어 지금은 복원이 완료된 상태입니다. 조선 태조 이성계는 왕으로 등극한 이후로 전주이씨의 시조를 모신 전주의 '조경단(肇慶壇)'과 더불어 5대조 이양무 장군의 묘인 '준경묘(濬慶墓)'(삼척시 미로면 활기리 소재)를 소중히 모셨는데, 이로부터 600년 후에 조경단 주변의 소나무인 대한민국 최고의 금강송이 남대문 복원에 사용된 셈입니다.

5 스왑(swap)

5.1 클림트

그림 5.1 클림트, 〈희망〉, 캔버스에 유채, 110 x 110cm, 1907~08년, 뉴욕, 현대미술관. 클림트 작품의 주요 주제는 여성의 신체로, 그의 작품은 노골적인 에로티시즘으로 유명합니다. 클림트는 자신의 작품에 대해 한 번도 자세히 설명한 적이 없다고 합니다. "나의 그림에 대해서 알고 싶으면 나의 그림을 봐라."

오스트리아 모더니즘 미술 창시자 구스타프 클림트(Gustav Klimt)의 작품 〈희망〉입니다. 그의 작품 중 〈아델레 블로흐-바우어의 초상(Adele Bloch-Bauer)〉는 무려 1,350만 달러에 수집가의 손에 넘어갔죠. 그는 초

그림 5.2 클림트, 〈아델레 블로흐-바우어의 초상〉, 138 x 138cm, 1907년, 뉴욕, 노이에 갤러리.
〈아델레 블로흐-바우어의 초상〉은 2006년 1,350만 달러에 팔려 가장 비싼 그림이 됩니다. 하지만 몇 달 후 잭슨 폴록의 〈넘버 5〉가 최고 경매가를 갱신합니다.

창기에 신화나 극장 등을 소재로한 장식 화가였습니다. 〈올드 캐슬 극장의 관람석(The Auditorium of the Old Castle Theater)〉의 작품은 아래 그림의 화가작품이라고는 믿기 힘들 정도로 관객석 인물 묘사가 마치 사진처럼 정밀합니다. 클림트는 찰스 다윈(Charles Darwin)의 책을 통해 생물학에서 영감을 받아 생물의 구성단위인 세포에 매료되어 그의 많은 작품에는 생식 세포를 의미하는 사각형과 타원형 모양을 볼 수 있습니다. 대담한 주제, 황금색의 화려한 색채, 그리고 혁신적인 그림 구성 등이 클림트 그림의 특징입니다. 특히 그의 작품의 평생 주제는 여성입니다. 그림의 여성상은 '어머니'와 '요부'의 대조적인 상징성을 동시에 가지고 있습니다.

유럽에서 유대인에게 종교 행사, 그리고 전문직이나 공직 진출을 처음으로 허용한 나라가 바로 오스트리아입니다. 1900년 초 오스트리아 빈은 여러 분야의 지적 천재들의 활동 근거지였습니다. 빈 경제학파들, 괴델(Gödel), 비트겐슈타인(Wittgenstein) 등의 철학자, 건축가 오토 바그너(Otto Wagner) 그리고 인간의 정신에 관한 혁신적인 생각을 가졌던 프로이트 등이 있었죠. 인간 정신 행동을 이해하는 열쇠로 무의식을 글로써 강조한 사람이 프로이트이고 그림으로 표현한 사람이 바로 클림트와 실레(Schiele)입니다. 철학자, 과학자, 예술가, 문학가들이 살롱에 모여 나누는 열린 대화에서 창출되는 시너지효과는 생각만 해도 너무 부럽습니다.

저희 현실은 어떤가요?

단기 연구 업적으로 평가를 받기 위해 장기간 시간을 소요하는 연구는 감히 엄두도 못 내고 승진과 업적 평가를 위한 단기 성과에만 매달려 있지는 않은가요? 너무나도 학교 당국에서 논문, 논문 하니 스트레스로 가득 찬 교수들의 다음과 같은 농담이 있습니다.

> A 교수가 B 교수에게 "나 요즘 논문 쓴다고 연구할 시간이 없어"라고 하자, B 교수 왈 "나는 연구한다고 책 볼 시간이 없어."

5.2 IMF와 외환위기

"It's the economy, stupid."

1992년 Little Lock 출신의 정치 애송이가 현직 대통령 부시의 재선을 막은 대표 선거 문구입니다. 1900년 이후로 전 세계는 두 번의 경제적 황금기를 누렸습니다. 하나는, 산업혁명 이후 1914년 제1차 세계대전 전까지의 경제적, 정치적, 문화적 안정기인 벨 에포크(Bell Epoque) 시대입니다. 벨 에포크는 프랑스어로 '아름다운 시절'이란 뜻을 가진 단어입니다. 전 유럽이 전쟁이 없는 평화를 맞이하고 경제와 문화가 발달한 시대입니다. 다른 하나는, 1990년 후반에서 2005년까지의 골디락스(Goldilocks) 시대입니다. 국가는 성장하는데 물가도 안정되니 뜨겁지도 차지도 않은 먹기 좋은 죽을 누가 좋아하지 않겠습니까. 골디락스는 영국 전래동화 〈골디락스와 곰 세 마리(Goldilocks and the Three Bears)〉에 등장하는 소녀의 이름 골디락스(Goldilocks)에서 유래한 것입니다. 소녀는 곰이 만든 세 가지 죽 중 뜨거운 것과 차가운 것, 그리고 적당한 것 중에서 적당한 것을 먹고 기뻐한 것에서 따온 말입니다. 뜨겁지도, 차갑지도 않은 경제적 호황을 일컬어 골디락스라고 합니다. 마케팅에도 골디락스 가격(Goldilocks pricing)이 있습니다. 고가, 중간가, 저가의 상품을 함께 진열함으로써 소비자가 중간가 상품을 선택하도록 유도하는 마케팅 전략입니다.

백성들의 가장 중요한 관심사는 먹고 입는 것입니다. 이것이 얼마나 중요하면 역사는 괴물이나 돌아이를 지도자로 선택하는 어리석음을 보여줍니다. 독일은 제1차 세계대전 후 엄청난 전쟁배상금 문제 해결을 위해 마르크를 마구 찍어냅니다. 빵을 사기 위해 수레에 몇천만 마르크를 싣고 가는 것을 도둑이 마르크가 아닌 수레만 훔쳤다는 이야기가 있습니다. 이 시기의 하이퍼-인플레이션이 얼마나 괴로웠으면 독일인은 히틀러를 지도자로 선출했을까요. 저자의 포인트는 히틀러는 쿠데타가 아닌 선거로 지도자가 되었다는 사실입니다.

히틀러라는 괴물을 잉태하리라고 상상도 못 했지만, 본의 아닌 조력자(?)가 있었습니다. 채무국이었던 미국을 단번에 채권국으로 만들어 버린 제1차 세계대전 당시 프랑스 수상 클레망소(Clemenceau)입니다. 이웃 독일에 극심한 시달림을 받은 프랑스는 전후 베르사유조약에서 독일에 감당할 수 없는 전쟁배상금을 주도적으로 요구한 사람이 클레망소입니다. 영국 대표단인 케인스(Keynes)만이 베르사유조약의 부당함을 토로하지만 아무도 귀 기울이지 않았죠.

미 대륙에서도 비슷한 일이 일어났죠. 미국의 힘, 제조업의 본고장인 오하이오, 미시간, 펜실베이니아 등 러스트 벨트(rust belt)의 일자리를 잃은 국민에게

'America, America first'

를 외치는 돌아이를 지도자로 선택한 미국의 경우입니다.

'문제는 먹고 사는 거야, 바보야.'

선거철이면 어김없이 후보자들의 현실성 없는 구호 외치는 모습을 봐야 합니다. 국민이 무엇을 먹고 어떻게 사는 것에는 관심이 없고 무조건 표만 구걸하는 모습을 봐야 하니 마음속 분노의 포도가 자꾸 영글어 가는 것은 저자만의 생각인가요? 작은 일부터 착수하여 국민을 위하는 실

질적인 일꾼을 원합니다. 국민이 힘들어하는 것은 높은 산을 넘는 것이 아니라 신발 안에 있는 작은 모래 한 알입니다.

부지교지(富之教之)라는 말이 있습니다. 위정자는 백성을 먼저 잘살게 하고 나서 가르치라는 말입니다. 《논어(論語)》에 공자가 제자 염유(冉有)와 위(衛)나라에 갔을 때 위나라의 인구가 많아 이를 보고 공자에게 염유가 더는 무엇이 필요하냐고 물으니,

"그들을 잘살게 해줘야 한다(富之)"

라고 공자가 이야기합니다. 잘살게 되면 또 무엇을 해야 하느냐고 다시 물으니

"그들을 가르쳐야 한다(教之)"

라고 했습니다. 그런데 지금 위정자들은 혹시 '교지부지'하지는 않는지요. 교화와 도덕을 앞세워 국민을 기만하고 농락해서는 안 됩니다.

《논어》의 옹야(雍也)편에 있는 내용입니다. 자공(子貢)이 묻습니다.

"如有博施於民而能濟衆, 何如 可謂仁乎"
(여유박시어민이능제중, 하여, 가위인호)

"만약 백성에게 널리 은혜를 베풀고 많은 사람을 구제할 수 있는 사람이 있다면 어떻겠습니까? 인(仁)하다고 할 수 있겠습니까?"

공자께서 말씀하십니다.

“何事于仁！ 必也圣乎” (하사우인! 필야성호)
“어찌 인에만 해당한 일이겠느냐? 반드시 성인일 것이다.”

IMF의 아픈 기억

1997년 겨울이 시작될 무렵 다급한 정부는 환율 방어를 위해 곳간에 얼마 남지 않은 달러를 외환시장에 투입하여 불을 끄려고 했습니다. 그러면서 국민을 기만했죠.

“염려할 것 없습니다. 외화 보유액은 충분합니다.”

금융당국은 단기채무 상환 연장, 통화 스왑 만기 연장 등 백방으로 위기를 넘기려 했으나 백약이 무효였습니다. 정부는 마침내 IMF에 백기를 들고 손을 내밀었습니다. 전문가들은 외환위기 주범으로 관치금융과 상호지급보증으로 과다한 기업대출을 꼽고 있습니다. 재미있는 것은 허수아

그림 5.3 2017년 IMF 외환위기 발생 20년 대국민 인식조사에서 국민 절반 이상은 1997년 말 국제통화기금(IMF) 외환위기를 지난 50년간 한국경제의 가장 어려웠던 시기로 생각한다는 조사 결과가 나왔습니다. 그리고 IMF 외환위기 극복의 원동력으로는 금 모으기 운동 등 국민단합이라고 합니다.

비 IMF 뒤에 있는 실세 미국 재무부의 의도로 정부가 주도하는 관치를 구조조정을 통해 자유주의로 전환하여 미국 기업의 국내 진출을 쉽게 하기 위한 금융자본주의의 음모라고 하는 분들도 계십니다.

IMF 자금으로 목숨은 건졌지만, 후유증은 혹독한 대가를 요구했습니다. 1997년 초와 비교하여 환율은 두 배로 폭등했으며 자본 수탈이 이루어졌습니다. 식인 상어(외국 헤지펀드)들은 폭락한 국내 주식을 헐값에 쓸어 담았습니다. 지분을 확보하여 최대주주로 등극한 후 적대적 인수합병 위협이나 '그린 메일(green mail)'을 발송해 엄청난 시세차익을 남기고 떠났죠. 대표적인 예로 미국 텍사스주의 별칭인 론스타가 외환은행을 사서 4조 원이 넘는 시세차익을 챙기고 떠났습니다.

너무 화가 나지 않나요?

그러나 현실입니다. 무작정 당했다고 저들 외국 펀드들을 비난하기보다 고도의 금융 기술과 실력을 키워 나가야 합니다. 너무 착한 온 국민은 장롱에 숨겨둔 금붙이를 내다 팔아 외화를 마련했습니다. 너무 화가 나요.

"똥은 나라가 싸놓고 뒤처리는 국민 몫"

여러분 그린 메일이란 용어를 들어본 적 있나요? 경영권이 취약한 대주주에게 많은 지분을 확보해

> "난 경영에 참여하지 않을 테니, 내 보유주식을 높은 가격으로 사 주세요."

라고 완곡하게(?) 보내는 편지입니다. 그린 메일이라는 말의 유래가 재미있습니다. 기업으로서는 지분을 담보로 한 위협, 즉 일종의 블랙 메일

(black mail, 협박)에 목적이 단순히 돈이기 때문에 미국 달러의 색깔인 그린(green)을 앞에 붙인 것입니다.

식인 상어의 레이더망에 걸리기만 하면 금융 선진국도 속수무책입니다. 영국 경제사 최악의 치욕적인 사건이 1990년 초반에 일어났습니다. 당시 영국은 파운드의 가치가 떨어지자 외국 환투기 공격을 받았죠. 대표적인 헤지펀드가 퀀텀펀드(Quantum Fund)로 유명한 채권왕 조지 소로스(George Soros)가 지휘하고 있었습니다. 영국 정부는 막대한 보유 외환으로 파운드를 매입하여 파운드 평가절하를 방어했습니다. 하지만 조지 소로스는 결국 영국이 백기를 들 것을 예상하며 엄청난 규모로 영국 파운드가 평가절하하는 데 베팅하여(파운드 매도) 막대한 환차익을 벌었고 영국은 자존심을 크게 구겼습니다.

그림 5.4 소로스는 영란은행에 총공세를 펼쳐 당시로선 천문학적 금액인 10억 달러를 가볍게 벌어들인 것으로 후일 밝혀졌습니다. 그리고 그는 '영란은행의 파괴자'라는 악명을 얻게 됐습니다.

세계적인 경제학자 밀턴 프리드먼(Milton Friedman)은 경제의 판세를 정확히 분석하는 것은 매우 어려운 일이며, 분석에 성공해도 정부의 정책 결정은 많은 시간을 필요로 하다고 역설합니다. 따라서 정부의 섣부른 경제 개입은 경기 변동성을 더 크게 할 수 있습니다.

프리드먼은 정부의 시장경제 개입을 비판하며 '샤워실의 바보(a fool in the shower)'에 비유했습니다. 샤워실에서 갑자기 물을 틀면 차가운 물이 나오기 마련입니다. 샤워실의 바보는 수도꼭지를 더운물 쪽으로 돌려버리자, 뜨거운 물이 나오게 됩니다. 샤워실의 바보는 깜짝 놀라 수도꼭지를 찬물 쪽으로 돌리게 되고, 다시 찬물이 나오게 되며 똑같은 과정을 반복합니다. 여기서 샤워실의 바보는 섣부르게 개입하는 정부를, 수도꼭지는 정책을, 물의 온도는 경기의 등락을 의미합니다. 경제에서도 보면 어떤 의사결정을 한 뒤 그 판단의 결과가 나올 때까지 지켜보지 못하고 또 다른 의사결정을 해서 결과를 엉망으로 만드는 경우가 있는데, 이를 '샤워실의 바보'라 합니다.

양털 깎기(fleecing of the flock)라고 불리는 자본 수탈의 방법을 표현하는 용어가 있습니다. 거대 자본이 경제의 기초대사가 허약한 나라에 대규모로 투자해 그곳에 유동성이 증가하여 주가가 오르기 시작한 뒤, 다시 말해 양털이 풍성하게 자라면, 그 지역에 경제위기를 일으켜 알짜배기 기업을 양털 깎듯 헐값에 쓸어 담는다는 음모론 같은 이론입니다. 이 이론에 따르면 우리나라도 IMF 때 금융회사 대부분이 제대로 양털을 제공했죠.

5.3 스왑(swap)

IMF의 아픈 기억을 되돌아보면서 외환위기 때 통화스왑 만기 연장에 실패를 봤다고 이미 말씀드렸습니다. 이제 스왑(swap)이란 파생상품에 대해 알아보죠.

스왑이란 미래의 여러 시점에 현금흐름(cash flow)을 교환하는 계약입니다. 주로 장외시장에서 이루어지는 계약입니다. 현재 스왑은 파생상품 시장에서 중심적인 역할을 하고 있습니다. 금융자본 시장에서 조달되는 자금의 2/3 정도가 스왑 거래입니다. 선도 계약도 일종의 스왑의 형태입니다.

스왑은 크게 금리를 교환하는 금리스왑(IRS, interest rate swap)과 통화를 교환하는 통화스왑(CRS, currency rate swap)으로 분류할 수 있습니다.

금리스왑(IRS, interest rate swap)

금리스왑의 구조는 A 기업이 정해진 원금에 대해 약정된 고정금리 이자를 상대방 B 기업에 지급하고, B 기업은 같은 원금에 대한 변동금리 이자를 A 기업에 지급합니다. 금리스왑에 이용되는 변동금리는 주로 LIBOR입니다. LIBOR는 국제 금융시장에서 변동금리의 기준 금리로 이용됩니다.

자, 이제 금리스왑의 메커니즘을 알아보도록 하죠.

2020년 3월 1일 A 기업과 B 기업 사이 원금 1억, 2년 만기 금리스왑 계약을 체결했다고 가정합시다. 이 금리스왑 계약이 A 기업은 B 기업에 원금 1억에 대해 연 6%의 고정금리를 지급하고, B 기업은 A 기업에 같은 원금 1억에 대해 6개월 LIBOR 이자를 지급하는 구조입니다.

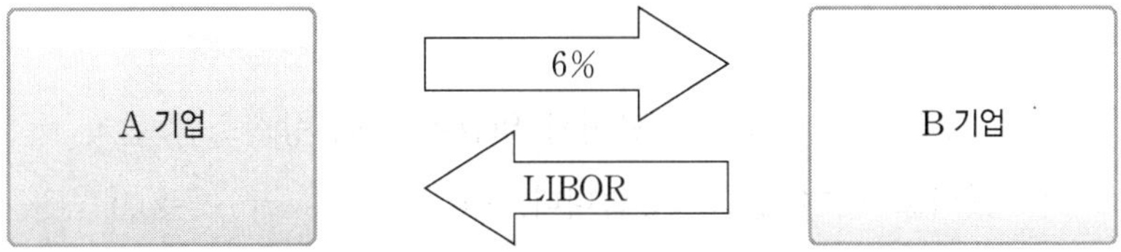

그림 5.5 A 기업과 B 기업의 금리스왑

스왑이란 미래의 현금흐름을 교환하는 계약이라고 했는데 6개월 후 첫 번째 현금흐름의 교환을 보도록 하죠. 6개월 후 2020년 9월 1일 A 기업은 B 기업에

$$1\,\text{억} \times 6\% \times \frac{1}{2} = 300\,(\text{만원})$$

을 지급하고 만약 2020년 3월 1일 6개월 LIBOR가 5%라고 하면 B 기업은 A 기업에

$$1\,\text{억} \times 5\% \times \frac{1}{2} = 250\,(\text{만원})$$

을 지급합니다. 여기서 주의해야 할 점은 변동금리는 이자 지급을 6개월 전의 6개월 LIBOR를 사용한다는 사실입니다. 이런 방식으로 총 4번의 이자 교환이 이루어집니다. 일반적으로 금리스왑은 거래상대방 간의 이자 지급액의 차이를 결제합니다. 예를 들어 2020년 9월 1일 A 기업은 B 기업에

$$300 - 250 = 50\,(\text{만원})$$

을 지급합니다.

A 기업으로서 금리스왑으로 인한 현금흐름을 살펴보면 다음과 같습니다.

교환일	LIBOR	변동현금흐름	고정현금흐름
2020년 3월 1일	5.20		
2020년 9월 1일	5.80	2.60	-3.00
2021년 3월 1일	6.20	2.90	-3.00
2021년 9월 1일	6.40	3.10	-3.00
2022년 3월 1일		3.20	-3.00

그림 5.6 금리스왑으로 인한 A 기업의 현금 흐름

금리스왑에서는 만기 때 원금 자체 교환은 없습니다. 원금이 동일 통화로 같으므로 만기 때 원금을 교환한다는 것이 아무런 의미가 없죠. 하지만 다른 나라 통화를 교환하는 통화스왑에서는 만기 때 원금을 교환하는 구조입니다.

오버나이트 지수 스왑(OIS, overnight indexed swap)은 일정 기간 고정 금리와 그 기간의 오버나이트 금리의 기하평균을 교환하는 스왑입니다. 기하 평균(幾何平均, geometric mean)은 n개의 양수 값을 모두 곱한 것의 n제곱근으로 계산합니다. 일반적인 평균(산술평균)은 모두 더해 그 개수만큼 나누어 계산합니다. 예를 들어 2와 8의 산술평균은 (2+8)/2=5입니다. 기하평균은

$$\sqrt{2\times 8}=4$$

입니다.

OIS의 고정금리를 오버나이트 지수 스왑 금리라고 합니다. LIBOR와 오버나이트 지수 스왑 금리는 금융시장의 스트레스를 알려줍니다.

LIBOR-OIS 스프레드는 LIBOR에서 오버나이트 지수 스왑 금리의 차

이로 정의합니다. 정상적인 금융시장의 LIBOR-OIS 스프레드는 약 10 bp(basis point) 정도입니다. 금리의 변화는 시장에 매우 민감하게 작용하여 금리의 작은 변화의 단위로 bp를 사용합니다. 100bp가 1%입니다. 2008년 금융위기 때는 LIBOR-OIS 스프레드가 364bp까지 급등했다고 합니다. 현재 OIS 금리는 LIBOR보다 더 무위험 이자율로 간주하고 있습니다.

통화스왑(CRS, currency rate swap)

통화스왑은 원화와 달러화처럼 서로 다른 통화를 미리 정해 놓은 환율에 따라 원금과 이자액을 바꾸는 외환거래를 말합니다. 교환하는 원금은 계약 시점에서의 환율을 적용하여 결정하며 스왑계약이 시작하는 시점과 만료되는 시점에 교환합니다.

왜 통화스왑 계약을 할까요?

원화는 기축통화가 아니므로 급하게 외화가 필요할 때 그 외화가 없으면 상당히 곤란한 상황을 맞이하게 됩니다. 1997년 외환위기의 트라우마를 우리는 기억하고 있죠. 그런데 반대로 곳간이 가득하면(외화 보유액이 많으면) 별문제 있겠느냐고 물을 수 있지만 외화 보유액이 너무 많으면 그냥 묻어두어야 하기에 생산적인 면이 없습니다. 타국과 통화 스왑 계약을 맺어두면 해당하는 한도 안에서 자국 통화(원화)를 상대국 통화(달러화)로 교환할 수 있습니다. 따라서 지나치게 많은 외화를 묶어두지 않고도 유사시 불을 끄는 소방수 역할을 하게 됩니다.

자, 그럼 예를 들어 통화스왑 계약의 메커니즘을 알아보도록 합시다.

국내의 A 기업과 미국의 B 기업이 2021년 1월 1일 3년 만기로 국내 A 기업은 달러화로 연 5%의 고정금리를 지급하고 미국 B 기업으로부터 원화로 6%의 고정금리를 받는 통화스왑 계약을 생각해 봅시다. 1월 1일 현재 환율이 1달러당 1,000원이라 가정합시다. 두 기업이 교환하는 원금은 계약 시점에서의 환율을 적용하여 결정하므로 원금은 한화 10억 원과 100만 달러입니다. 즉, 계약 시점에서 A 기업은 B 기업에 한화 10억 원을 주고 100만 달러를 교환합니다. 만약 이자는 1년에 한 번 교환한다면 2022년 1월 1일 A 기업은

$$10\,(\text{억}) \times 6\% = 6{,}000(\text{만원})$$

을 받고

$$\$100\,(\text{만}) \times 5\% = \$5(\text{만})$$

을 지급합니다. 2014년 1월 1일 계약이 완료될 때, A 기업은 B 기업에 100만 달러를 지급하고 한화 10억 원을 되돌려 받습니다. 금리스왑과 다르게 원금을 교환합니다.

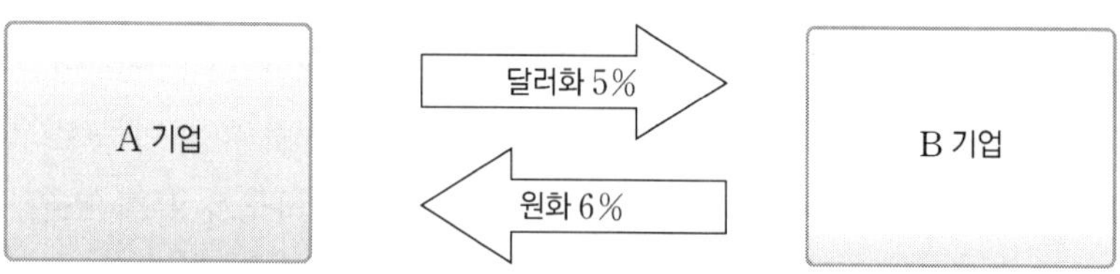

그림 5.7 통화 스왑 구조

서로 교환하는 이자의 종류(고정금리와 변동금리)에 따라 4가지 통화스왑이 존재하겠죠.

표 5.1 통화 스왑의 종류

A 기업	B 기업
고정금리	고정금리
고정금리	변동금리
변동금리	고정금리
변동금리	변동금리

위의 예는 고정금리-고정금리 통화스왑 계약(fixed-for fixed currency swap)입니다.

한쪽이 이득을 보면 다른 쪽을 손해를 봐야 하는 선물 계약, 옵션 계약과는 달리 스왑은 거래 당사자 모두에게 혜택이 돌아가는 양(+)의 구조를 나타내고 있습니다.

재미있는 우리말의 유래 ❺

'복장 터진다'/홍산(紅山) 이훈재

'복장 터진다'='뱃속(腹)에 감춘 물건(藏)이 터진다.'

도대체 무슨 말인지 알 수도 없고, 참으로 의아하기 그지없습니다. 우리는 가끔 일이 잘 안 풀릴 때 "아~이~구 복장이야", "복장 터~져", "복~장 터지네"라고 한탄의 말을 내뱉곤 합니다. 하지만, '복장 터진다'는 말이 불교에서 유래한 말, 즉, 불상의 몸 안에 넣는 물품(腹藏)으로부터 유래했다고 알고 있는 독자들은 많지 않을 것입니다. 이 말의 유래를 확인하기에 앞서, 먼저 표준국어대사전에 나온 의미를 살펴보고자 합니다.

"복장: 가슴의 한복판. 한자를 빌려 '腹臟'으로 적기도 합니다. ≒흉당(胸膛)"

이처럼 '복장'이라는 말은 가슴의 한복판을 가리키는 말로서 한자로 '腹臟'이라고 적는데, 마음이 몹시 무겁고 답답함을 느낄 때 '복장이 터진다'라는 표현으로 사용되고 있습니다.

'복장 터진다'의 유래: 종교에 상관없이 누구나 한 번쯤은 고즈넉한 산사를 방문하여 대웅전에 불상으로 모셔진 부처님을 찾아뵈운 적이 있을 겁니다. 아시는 바와 같이, 불상을 조성할 때에 그 속에 사리와 사리통, 오곡이나 오색실, 불경과 의복, 다라니와 만다라, 복장기나 조성기 등을 머리와 배의 빈 부분에 가득 채워 넣는데, 너무나 많은 것들을 집어넣어서 터질 듯이 아슬아슬한 상태가 되니 "복장 터진다"는 말이 생긴 것으로 추측해 볼 수 있습니다.

고려 시대 이규보의 '동국이상국집'에는 몽골군이 복장물을 약탈해 갔다는 내용이 전합니다. 이규보는 "우리 대성(大聖 · 관음보살)의 귀한 몸도 훼손을 당했으며 그 형체는 간신히 보존되었으나 배 속에 모신 진귀한 복장은 모조리 빼앗기고 흩어져 텅 비었다 … 삼가 심원경(心圓鏡) 2개와 오향(五香), 오약(五藥),

색사(色絲) 등을 갖추어 복중을 채워 예전과 다름없이 갖추었다"라고 했습니다. 관음보살의 몸 안에 귀한 물건을 넣었고, 이것이 진귀함을 알았기 때문에 몽골군이 약탈했다는 내용입니다. 그는 또 겉모습은 몽골군이 훼손하지 않았지만, 속이 빈 관음보살은 이를 보는 마음을 아프게 하니 다시 복장을 채우지 않을 수 없었다고 덧붙입니다.[출처: 세계일보, 2018-05-21]

'복장 터진다'는 말의 정확한 출처는 알 수 없다 해도, 위에서 언급된 바와 같이 고려 말 몽골군들은 고려의 절에 보관된 불상의 복장물의 중요성을 간파했고 이들을 모조리 침탈했었다는 사실은 알려져 있습니다. 또한, 조선 시대에는 임진왜란(1592년)과 병자호란(1636년)의 크나큰 외침을 거치면서 파괴된 절을 고치고, 불상과 탑을 다시 모시는 일이 대거 진행되었다고 합니다. 이 무렵에 부처님의 말씀과 복장유물들을 불상에 가득 채워 넣는 불교의식이 많이 소개되고 있는데, 이렇게 중요한 복장유물들을 불상 속에 한가득 채워 넣으면서 '복장 터진다'는 말이 생겨났다고 합니다.

한편, 몇 해 전에 복장유물과 관련된 국제절도 사건이 생각난다. 2012년에 한국의 절도범들이 충남 서산의 부석사에서 일본으로 도난당한 대마도 관음사 금동관음보살좌상과 해신(海神·가이진) 신사의 금동여래입상을 도로 훔쳐서 후쿠오카-부산세관 통과하여 한국으로 가져온 사건이 있었습니다. 그런데, 서산 부석사 금동관음보살좌상(대마도 관음사 금동관음보살좌상)은 약 700년 전 조성 당시의 복장물과 불상의 기원을 적어놓은 결연문이 나온 바 있고, 결연문에는 천력 3년(1330년) 2월 불상을 만들어 고려 서주(현 충남 서산) 부석사에 모셨다는 내용과 시주자 32명의 이름이 함께 적혀 있었다고 합니다. 결국, 일본의 국보로 지정될 만큼 주요 문화재인 금동관음보살좌상은 내부에 안치된 복장물로 인하여 국제적인 문화재 도난사건으로 크게 보도되었고, 특히 국제법 전문가들은 국제협약이나 문화재 보호법 등을 들어 일본에 '환부'하면 안 된다는 주장이 계속해서 제기되고 있다고 합니다.

6 신용파생상품과 금융위기

6.1 신용

용병이란 돈을 받고 다른 나라를 위해 전쟁에 참여하는 사람으로 스위스 용병이 나타나기 전에는 이탈리아 용병이 유명했습니다. 스위스는 토지도 비옥하지 않고 바다도 접하지 않을 뿐더러 독일, 프랑스, 오스트리아, 이탈리아 등 강국에 둘러싸인 약소국이었습니다. 따라서 몸을 팔아 돈을 버는 용병으로 다른 나라 용병은 불리하면 도망가기 일쑤나 스위스 용병은 다음의 일화로 최고의 용병이 됩니다.

철학적 산업혁명인 프랑스 대혁명 때 시민 군에 둘러싸인 루이 16세와 마리 앙투아네트를 끝까지 지킨 이가 700여 명의 스위스 용병들이었습니다. 왕과 왕비만 내어놓으면 스위스로 보내준다는 시민군의 제의를

> "신뢰와 신용으로 이루어진 용병이 목숨을 담보로 제의를 받아들이면 후대들에 볼 면목이 없다."

고 단호히 죽음을 맞이한 그들입니다.

장 뒤플레시 베르토(Jean Duplessis-Bertaux)는 그들을 기리기 위해 〈튈르리 궁전의 습격〉이란 작품을 남깁니다. 혁명의 분위기가 고조되어 민중들은 튈르리 궁(Palais des Tuileries)을 습격해 스위스 근위대를 몰살하는 장면입니다. 충성과 절개의 대명사로 스위스 근위대는 지금도 바티칸 수호를 맡고 있습니다. 바티칸은 이탈리아의 로마에 있는데 이탈리아 군인이 아닌 스위스 근위대가 경비를 담당하는 이유를 알 듯합니다.

그림 6.1 장 뒤플레시 베르토, 〈튈르리 궁전의 습격〉, 캔버스의 유화, 124 x 192cm, 1793년, 베르사유 궁전. 프랑스 대혁명 시기의 1792년 8월 10일 튈르리 궁전에 갇힌 루이 16세를 지키다 전멸하는 스위스 용병의 그림입니다.

조각으로도 그들의 넋을 기리는 작품이 스위스 루체른에 있습니다. 너무나 유명한 〈빈사의 사자상〉입니다. 고통스러워하는 사자 머리맡에는 부러진 창이 있고 앞발로는 프랑스를 상징하는 방패를 지키는 거대한 조각상입니다. 당연히 사자는 죽어간 스위스 용병들을 상징하며 죽어가면서도 부르봉 왕조의 백합 문양이 새겨진 방패를 지키고 있는 것은 왕실에 대한 충성을 나타냅니다. 사자상 위에는

"HELVETIORUM FIDEI AC VIRTUTI"

라는 라틴어 명문이 새겨져 있는데 그 의미는

"헬베티아(스위스)의 충성심과 용감함."

그림 6.2 〈빈사의 사자상〉, 자연석, 10 x 6m, 1821년, 스위스 루체른. 마크 트웨인은 〈빈사의 사자상〉을 세상에서 가장 감동적인 작품이라고 극찬했다고 합니다. 길이 10m, 높이 6m에 달하는 대형 조각상입니다.

이라는 뜻입니다.

광고도 신용이 우선

몇 년 전 베트남 박카스 광고의 인물은 베트남 축구의 영웅 한국출신 박항서 감독이었습니다. 베트남 전 국민의 영웅으로 떠오른 인물을 광고 모델로 사용하는 것은 너무나 자연스러운 발상이죠. 박 감독은 한국의 위상 제고와 천문학적 경제효과를 가져다 주었습니다.

승리의 여신, 니케(Nike)의 옆 날개를 본 떠 만든 스우시(swoosh) 로고를 사용하는 나이키 회사(어릴 때 나이키 신발이 로망이었죠)의 2019년 30주년 기념 광고 문구와 모델이 예사롭지 않습니다.

그림 6.3 캐퍼닉은 "인종차별 하는 나라를 위해서 일어나고 싶지 않았다."라고 밝혔습니다. 그 후 그는 시팅맨(Sitting man)이라는 별명이 생기며 시팅맨 따라 하기는 프로농구, 축구 등 미 스포츠계에 퍼져 나갔습니다.

Believe in something
Even if it means sacrificing everything

이 문구와 전 SF 49ers의 쿼터백 콜린 캐퍼닉(Colin Kaepernick)이 바로 그 인물입니다. 인종차별에 반대하는 의미로 NFL 경기 오프닝에 국가가 울릴 때 기립하지 않고 무릎을 꿇어 화제가 된 인물입니다. 그 이후 언론과 트럼프 대통령으로부터 온갖 뭇매와 비난을 받고 계약도 못 하게 된 선수였습니다.

효과는 어땠을까요?

대통령의 비난부터 SNS의 적대적 여론으로 집에 있는 나이키 제품을 불태우는 등 나이키 불매운동이 확산하고 주가는 곤두박질쳤죠. 그런데 이게 무슨 일인가요? 언제부터인가 전세는 역전되어 주가는 북쪽으로 향하고 매출은 광고 이전보다 엄청나게 증가하는 일이 발생했습니다.

광고의 목적은 무엇인가요?

네, 제품을 많이 팔게 하는 거죠. 하지만 나이키 광고는 우리에게 그것 말고 한 수 위를 가르쳐 줍니다. 바로 국민이 깨어나야 할 시간에 깨어 있지 않을 때 깨워 주는 역할을 합니다.

"저 사람은 품격이 달라."
"등급이 달라."

라는 말을 사용하는데 나이기의 광고는 차원이 다른 것 같습니다. 깨어 있는 사회(woke society)가 부럽기만 합니다.

6.2 부채 담보부 증권(CDO)

증권화(Securitization) – 위험(대출)을 상품화하다.

좋아요 1

미국인들은 대부분 주택담보대출(모기지대출)을 통해 집을 삽니다. 은행은 예금을 통해 대출 자금을 조달하는데 주택담보대출에 대한 수요를 따라갈 수 없습니다. 거액의 대출금을 내주고 20, 30년에 걸쳐서 소액의 원금과 이자를 받으니까요. 그래서 이 모기지를 담보로 하여 채권을 발행한 것입니다(이러한 일을 증권화라고 합니다). 이 채권이 주택담보저당증권(Mortgage Backed Security, MBS)입니다. 수십 년 걸려서 받을 원금과 이자를 한꺼번에 받을 수 있으니 은행은 금세 원금을 회수하게 되고 이 돈으로 또다시 주택담보대출을 해준 뒤 주택담보저당증권을 발행합니다.

이렇게 계속 증권을 발행하면서 큰 수익을 올리게 되죠. 주택담보저당증권은 모기지대출을 담보로 증권화하였다고 했죠. 일반적인 대출자산, 즉 미래에 생길 수익을 담보로 만든 증권을 자산 유동화 증권(Asset Backed Security, ABS)이라 합니다.

좋아요 2

국채가 아닌 주택담보저당증권은 안전 자산이 아닙니다. 채권 투자자들이

"주택담보대출 받은 사람들이 채무 불이행하면 어쩌지, 우째 믿노?"

라고 잠시 고민할 때

"이 채권은 국가가 관리하는 우리가 보증할 테니 안심하세요."

라고 정부 모기지 협회(Ginnie Mae, GNMA)가 등장합니다. 정부 모기지 협회는 미국 연방 정부의 정부 소유 기업입니다. 이 기구는 수수료를 받고 주택담보저당증권에 포함된 주택담보대출을 보증해주고 은행에서 사들인 대출을 묶어 주택담보저당증권을 만들어 투자자에게 판매합니다. 은행의 대출채권을 사들여 보증하므로 유동성과 안정성을 확보하는 또 다른 곳으로 패니메이(Fannie Mae)와 프레디맥(Freddie Mac)이 있습니다.

좋아요 3

2000년부터 금융위기가 일어나기 전 2007년 사이에 미국 부동산 가격은 빠르게 상승하였습니다. 강남처럼 사 두면 오르죠. 너도나도 담보대출

받으러 은행 앞에 줄을 섭니다. 주택시장이 활성화되어 대출받은 사람은 주택 가격이 올라 좋고 은행은 좋아요 1, 정부 모기지 협회(GNMA)는 좋아요 2, 모두 좋아요.

여기에 금융 살상 무기가 등장합니다. 부채 담보부 증권(CDO, collateralized debt obligation)입니다. 주택담보저당증권 발행기관에서 은행에 독촉 전화를 합니다.

"담보대출 건 더 없나요?"

은행이 답합니다.

"쪼매 기다려보소 마."

그리고 대출신청서를 제출하면 심사도 하지 않고 서브프라임 모기지 대출(비우량담보대출)을 진행합니다. 많이 들어보셨죠, 서브프라임 사태.

닌자(NINJA) 대출이라는 용어가 여기서 만들어집니다.

'No income, no job and asset.'

수입, 직업 그리고 자산이 없어도 대출을 해줍니다. 그런데 우량담보대출로 만든 주택담보저당증권은 판매가 쉬웠으나 서브프라임 모기지대출로 만든 주택담보저당증권은 새로운 판매 방법이 필요하겠죠. 극단적으로 쓰레기 상품이니까요. 그들이 찾아낸 방법이 한국 음식 비빔밥에서 아이디어를 얻은 것 같아요. 여러 서브프라임 모기지 대출을 섞어 잘게 쪼개어 새로운(괴물) 파생상품을 만들어냅니다. 바로 파생의 파생상품, 부채 담보부 증권(CDO)입니다.

좋아요 4

새로운 금융상품을 평가하는 세계 3대 신용평가 기관인 무디스(Moody's), 스탠더드 앤드 푸어스(Standard & Poor's), 그리고 피치(Fitch) 이들 기관의 도덕적 해이 덕분에 많은 부채 담보부 증권은 투자적격으로 판정받아 판매됩니다.

징글징글합니다. 또 수많은 부채 담보부 증권을 모아 섞어 새로운 파생상품을 만들어 냅니다. CDO^2 입니다. 이렇게 계속 만들어 냅니다.

〈그림 6.4〉에서 부채 담보부 증권은 세 가지 그룹으로 분류되어 있습니다. 가장 아래를 선순위(senior) 트랑슈(tranche)라고 하고 가운데를 중순위(mezzanine) 트랑슈, 가장 위를 후순위(equity) 트랑슈라고 합니다. AAA 등급을 받은 선순위 트랑슈는 판매에 문제가 없는데 BBB 등급을 받은 중순위 트랑슈가 문제입니다.

"요것도 좀 팔아 이익을 남기고 싶은데."

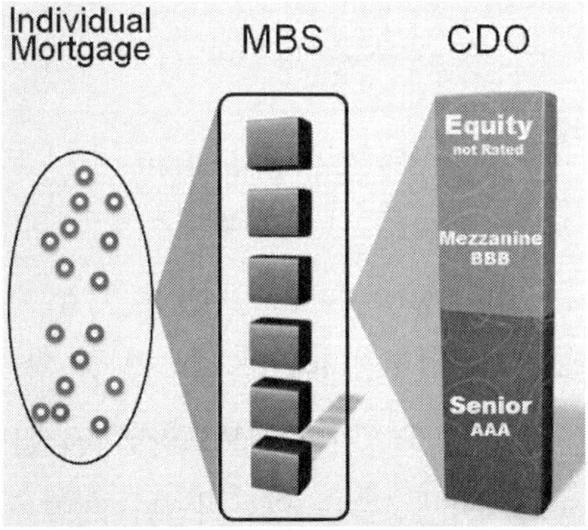

그림 6.4 역대 위기 순간엔 대중에 낯선 금융상품이 패닉을 키웠습니다. 2008년 때는 부채 담보부 증권(CDO)이 증폭기로 구실을 했습니다.

그들은 곧 해법을 찾아내죠.

"맞다, 또 섞어 세 분류로 만들어 그중 몇 퍼센트는 AAA 등급을 받아 팔자."

네 이 메커니즘을 사용해 탄생한 것이 주택담보저당증권으로 만든 부채 담보부 증권입니다. 이러한 여러 가지 중순위 트랑슈는 다른 중순위 트랑슈로 재포장되어 CDO^2, CDO^3로 만들어집니다.

이렇게 주택담보저당증권, 부채 담보부 증권 등 이중삼중으로 파생상품을 발행한 까닭에 하나의 주택거래에서 다수의 금융거래가 발생하게 됩니다. 담보대출자가 파산이라도 하게 된다면 연관된 금융기관과 투자자들은 줄줄이 쪽박을 차게 됩니다. 그리고 실제 이런 일이 일어나죠, 2008년에.

좋아요 1 + 좋아요 2 + 좋아요 3 + 좋아요 4 = BOOM & BURST!

6.3 미장아빔

마트료시카(러시아어: Матрёшка)는 나무로 만든 러시아의 인형입니다. 몸체 속에는 조금 작은 인형이 들어가 있으며 몇 회를 반복하는 상자 구조입니다. CDO, CDO^2, CDO^3 구조와 흡사하지 않나요.

예술에도 이와 비슷한 구조를 가지는 작품이 있습니다.

그림 6.5 알을 품고 있는 모습을 닮았다고 해서 '알을 품은 인형'으로 불리기도 하는데, 이는 다산과 대가족, 풍요로움 등을 상징합니다.

'미장아빔(mise en abyme)'이란 기법이 있습니다. 한 작품 안에 또 하나의 작품을 집어넣는 예술적 기법입니다. 영화 속에 영화, 그림 속에 그림을 넣는 경우가 이에 해당합니다. 대표적인 작품이 얀 반 에이크(Jan van Eyc)의 〈아르놀피니 부부의 결혼식〉과 벨라스케스(Velázquez)의 〈시녀들〉입니다.

〈아르놀피니 부부의 결혼식〉 작품을 보시면 중앙에 거울이 하나 있습니다. 거울을 자세히 보면 부부의 모습과 그들을 그리는 화가(얀 반 에이크 자신)의 모습이 있습니다. 그는 최초로 작품에 사인한 화가로도 유명합니다. 거울 윗부분 벽에 이름과 날짜가 기재되어 있습니다.

"Johannes de eyck fuit hic. 1434"
"얀 반 에이크 이곳에 있었다. 1434년"

그림 6.6 얀 반 에이크, 〈아르놀피니 부부의 결혼식〉, 목판에 유채, 81.8 x 59.7cm, 1534년, 런던 국립 미술관. 아르놀피니의 머리 위로 켜져 있는 하나의 초는 신의 통찰력과 지혜, 혹은 결혼의 맹세를 의미하고, 거울 우측 가구 기둥의 상단에 있는 나무 조각은 임신을 원하는 여성들의 수호성인인 성 마거릿이며, 강아지는 남편에 대한 아내의 신실함을, 바닥에 벗어놓은 신발은 결혼식이 수행되는 공간의 신성함을 상징한다고 합니다.

이 그림은 세상에서 가장 유명한 2인 초상화이며 이후의 여러 장르에 큰 영향을 준 선구적인 작품입니다. 서양 미술사에서 여러 가지 상징이 들어간(가정집 내부의 각각의 물건마다 상징성을 가지고 있다고 합니다) 가장 독창적이고 복합적인 그림 중 하나로 평가받습니다.

〈아르놀피니 부부의 결혼식〉만큼 아니 더욱 오랫동안 서양 미술사에서 가장 중요한 작품 중의 하나로 손꼽히는 것이 벨라스케스의 〈시녀들〉입니다. 그 이유가 작품의 복잡성과 수수께끼 같은 화풍이라고 합니다. 그림의 주인공은 누구일까요? 거울 속의 왕과 왕비, 가운데 있는 공주, 그 옆의 시녀들, 아니면 마치 그림 밖에 있는 관객을 바라보는 벨라스케스, 너무나 모호합니다. 왜 제목은 〈시녀들〉로 정했을까요?

벨라스케스의 〈시녀들〉 작품에는 그림을 그리고 있는 벨라스케스 자

그림 6.7 디에고 벨라스케스, 〈시녀들〉, 캔버스에 유채, 318 x 276cm, 1656년. 스페인 마드리드 프라도 미술관. 〈시녀들〉은 한 폭의 그림 속에 집단 초상화, 일상생활, 화실의 화가, 자화상, 실내묘사의 여러 소재를 함께 담은 바로크 미술의 걸작이라고 합니다.

신의 모습을 포함하고 있습니다. '미장아빔' 기법을 사용하고 있습니다. 스페인 마드리드에 있는 프라도(Prado) 미술관에 가시면 가장 많은 사람이 모여 관람하는 작품이 바로 〈시녀들〉입니다.

과학에도 전체에서 작은 조각을 확대해 보면 전체의 모습과 비슷한 기하학적 형태를 가지는 구조를 찾을 수 있습니다. 자기 유사성을 가지는 특징이 있죠. 고사리의 잎 윤곽이나 나무가 가지를 뻗는 양상, 리아스식 해안선의 모양 등 많은 것들이 자기 유사성을 가지고 있습니다. 1974년 망델브로(Mandelbrojt)가 제시한 프랙털(fractal)입니다. 프랙털 그림은 컴퓨터 소프트웨어를 이용하여 재귀적이거나 반복적인 작업에 의한 유사 패턴을 만들어냅니다. 프랙털을 이용하여 구름, 산, 번개, 해안선 및 나뭇가지 등을 재현하기도 합니다.

프랙털 도형으로 가장 간단한 것이 코흐(Koch) 곡선입니다. 정삼각형이 하나 있습니다. 정삼각형의 각 변을 3등분 하여 가운데의 선분을 한 변으로 하는 정삼각형을 처음 정삼각형의 바깥쪽에 그립니다. 마지막으로 가운데의 선분은 지웁니다. 이 과정을 무한히 반복하면 눈송이 같은 모양을 하는 코흐 곡선을 얻을 수 있습니다.

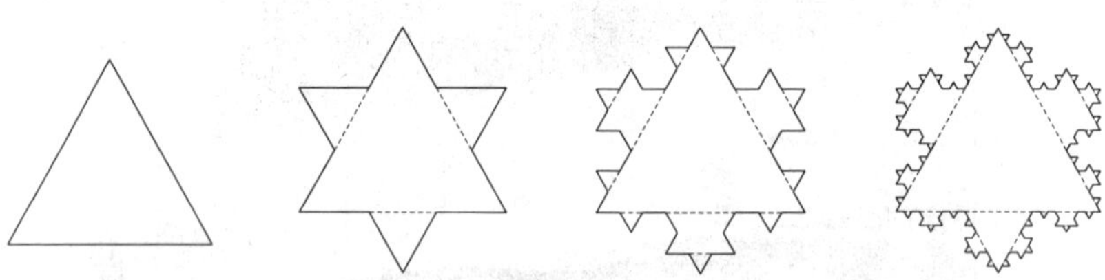

그림 6.8 프랙털 도형은 끊임없이 자기 복제가 일어나는 모양을 가진 도형입니다. 망델브로 집합, 시어핀스키 삼각형, 코흐 눈송이와 같은 도형이 있습니다. 프랙털 그리는 프로그램으로 Apophysis가 있습니다. (수학과 사는 이야기)

6.4 신용부도스왑(CDS)

리먼 브러더스(Lehman Brothers)는 역사와 전통을 자랑하는 최대 투자 은행이었습니다. 하지만 2008년 9월 파산신청을 합니다. 많은 사람은 리먼 브러더스가 대마불사(大馬不死, too big to fail)라고 생각했는데 결국 매수자를 찾지 못해 침몰하고 맙니다. 높은 레버리지와 위험한 투자의 결과였습니다. 레버리지 비율이 30:1까지 증가하여 자산가치가 조금만 축소돼도 자본 잠식이 발생하는 구조였습니다. 서브프라임 모기지 부실과 파생상품 손실에서 비롯된 엄청난 규모의 부채를 감당하지 못한 채 무너져 내렸던 것입니다.

당시 앨런 그린스펀(Alan Greenspan) 연방준비제도(FED, 연준) 의장은 초 저금리 정책을 펴기 시작했습니다. 경기부양이 목적이었습니다. 미국민들은 너도나도 값싼 돈을 대출받아 집을 사기 시작했습니다. 그러면서

그림 6.9 리먼 사태로 하루아침에 일자리를 잃은 임직원이 2만5000명에 달합니다.

부동산 가격이 뛰기 시작했고요. 그러나 금리가 올라가자 버블이 터지기 시작합니다. 그린스펀 의장은 경기과열을 경계하기 위해 기준 금리를 올리기 시작합니다. 그러자 원리금을 제대로 갚지 못하는 불량 채무자들이 속출하기 시작하여 서브프라임 모기지 상품을 구매한 금융기관들은 대출금 회수불능 사태에 직면하면서 도미노처럼 금융위기가 전 세계로 번져갔습니다.

신용파생상품 중 가장 인기가 있는 상품이 신용부도스왑(credit default swap, CDS)입니다. 1995년 JP Morgan의 블라이드 마스터스(Blythe Masters)가 발명한 획기적인 상품입니다. 메커니즘을 간단하게 소개할게요.

B 은행은 A 기업에 대한 대출이 항상 마음에 걸립니다.

"대출 상환이 안 되면 골치 아픈데."

어느 천재가 기발한 아이디어를 냅니다. 잘나가는 C 보험회사에 귀가 솔깃한 제안을 합니다.

"우리 B 은행이 앞으로 5년 동안 매년 얼마씩 줄 테니 혹시 5년 안에 A 기업이 파산하여 대출 상환이 안되면 너희 C 보험회사가 A 기업의 대출 원금을 대신 갚아줘."
"A 기업이 5년 안에 파산하지 않는다면 너희는 앉아서 매년 우리한테 공돈 받는 거야."

C 보험회사는 곰곰이 주판을 튕겨봅니다.

"만약 100개의 은행과 이런 계약을 맺으면 수입이 짭짤할 것 같네. 동시에 여러 기업이 파산하지 않으니 만에 하나 한 기업이 파산하면 나머지 다른 은행에서 받는 돈으로 해결하면 끝."

여기까지 읽으니 이 신용부도스왑 계약에서 약간의 보험 냄새가 나지 않으신가요? 네, 신용부도스왑은 금융기관이 거래하는 기업의 채무불이행위험(신용위험)에 대한 보험효과를 가지는 계약입니다.

몇 가지 신용부도스왑에 관련된 용어를 소개할게요.

대상기업(A 기업)을 준거 기관(reference entity)이라고 하고 준거 기관의 채무불이행을 신용 사건이라고 합니다. 신용 사건이 발생하면 보장 매입자(B 은행)은 해당 기업(A 기업)이 발행한 채권을 액면가에 매도할 수 있는 권리를 가집니다. 보장 매도자(C 보험회사)는 신용 사건이 발생하면 준거 기관의 채권을 액면가에 매입해야 합니다. 주로 보험회사나 헤지펀드가 담당합니다. 매도할 수 있는 채권의 총 액면가를 신용부도스왑 명목 원금이라 합니다.

신용부도스왑 매입자(B 은행)는 신용부도스왑 만기가 끝날 때까지 매도자(C 보험회사)에게 정기적으로(주로 분기별) 현금을 지급합니다. 보장 매입자가 연간 지급해야 하는 총금액을 명목 원금 대비 백분율로 나타낸 것을 신용부도스왑 스프레드(spread)라고 합니다. 신용부도스왑은 2008년 글로벌 금융위기 이전까지 금융시장에서 최고의 대우를 받았습니다. 신용부도스왑의 등장으로 대출의 위험을 줄여 부도 위험이 늘어나는 불경기에도 은행 대출이 여전히 가능하였습니다.

위험을 상품화해 팔 생각을 하다니 대단하지 않나요. 더구나 그들은 부채 담보부 증권을 판매할 때 신용부도스왑을 같이 판매합니다.

"그럴 리는 없지만, 부채 담보부 증권이 부도나면 신용부도스왑이 갚아주니 같이 사시죠"

황금알을 낳는 거위가 되어 버린 부채 담보부 증권, 신용부도스왑은 투자은행(IB), 연기금, 헤지펀드 등이 앞다투어 사들입니다. 채권 부도 위험에 대한 노출을 신용부도스왑이 해결하니 채권시장이 활성화되고 신용부도스왑 판매는 마치 코로나19처럼 순식간에 전 세계로 퍼집니다. 2008년 신용 파생상품시장에서 걸음마 상태인 우리나라도 신용부도스왑 거래잔액이 세계 10위 규모라고 하니 누적 손실을 내색하지 않았지만 상당했을 거라 추정됩니다. 신용부도스왑 거래는 계약 후 제3자에게 되팔 수 있으므로 누가 얼마만큼의 신용부도스왑 계약을 했는지 파악할 수 없습니다.

신용부도스왑 매도자는 계약 금융기관들이 부실화되면 막대한 손실을 보게 됩니다. AIG 사태가 이런 경우입니다. 2008년 모기지에서 생성된 트랑슈 채권에 대한 신용부도스왑 보장 계약은 AIG에 치명적인 손실을 가져왔고 결국 미국 정부의 구제금융을 받아 회생했습니다. 리먼 브러더스의 파산에 이어 AIG까지 파산하는 경우 금융시장에 미치는 여파를 미국 정부는 감당할 수 없었기 때문입니다.

6.5 다 함께 잘 살아야 한다

전 세계는 글로벌 금융위기로 어려움을 겪고 있는데 정작 금융위기의 도화선 역할을 한 월스트리트(wall street)의 거대 금융기관은 정부로부터 구제금융을 받고 심지어 연말에 엄청난 액수의 보너스를 챙깁니다. 2011년 많은 미국인은 미국을 경제위기에 빠뜨리고서도 수백만 달러의 퇴직금을 챙겨 떠나는 월가 최고경영자들에게 분노하여 거리에 나섭니다. 구호는

"월가를 점령하라(Occupy Wall Street)."

이었습니다. 그들은 주장합니다.

"우리는 눈뜨면 끼니 걱정, 월세 걱정인데 누구는 보너스라니."
"그 보너스 전부 국민 세금 아니니."
"우리는 최고 부자 1%에 저항하는 99%의 처지를 대변한다."

금융자본주의가 불러온 소득 불평등과 이로 인한 부의 양극화에 대해 많은 사람은 분노하기 시작했습니다. 문제점은 양극화의 심화로 빈익빈

그림 6.10 경제위기에 빠뜨리고서도 수백만 달러의 퇴직금을 챙겨 떠나는 월가 최고경영자들에게 분노하는 99%의 사람들. 마이클 무어 감독, 할리우드 여배우 수잔 서랜던 등이 시위에 동참했습니다.

부익부 현상이 더욱 가속화가 된다는 점입니다.

빈익빈 부익부 이야기는 성경의 마태복음에도 등장합니다. 빈익빈 부익부 현상을 '마태 효과(Matthew Effect)'라고 하는데 성경 마태복음 13장 12절에서 유래되었습니다.

> "무릇 있는 자는 받아 풍족하게 되고 없는 자는 그 있는 것까지도 빼앗기리라"

또한 다음은 마태복음 25장 14~30절의 내용입니다.

> "또 어떤 사람이 타국에 갈 때 그 종들을 불러 자기 소유를 맡김과 같으니 각각 그 재능대로 한 사람에게는 금 다섯 달란트를, 한 사람에게는 두 달란트를, 한 사람에게는 한 달란트를 주고 떠났더니 다섯 달란트 받은 자는 바로 가서 그것으로 장사하여 또 다섯 달란트를 남기고 두 달란트 받은 자도 그같이 하여 또 두 달란트를 남겼으되 한 달란트 받은 자는 가서 땅을 파고 그 주인의 돈을 감추어 두었더니 오랜 후에 그 종들의 주인이 돌아와 그들과 결산할새 다섯 달란트 받았던 자는 다섯 달란트를 더 가지고 와서 이르되 주인이여 내게 다섯 달란트를 주셨는데 보소서 내가 또 다섯 달란트를 남겼나이다.
>
> 그 주인이 이르되 잘하였도다. 착하고 충성스러운 종아, 네가 적은 일에 충성하였으매 내가 많은 것을 네게 맡기리니 네 주인의 즐거움에 참여할지어다 하고 두 달란트 받았던 자도 와서 이르되 주인이여 내게 두 달란트를 주셨는데 보소서 내가 또 두 달란트를 남겼나이다. 그 주인이 이르되 잘하였도다. 착하고 충성된 종아 네가 적은 일에 충성하였으매 내가 많은 것을 네게 맡기리니 네 주인의 즐거움에 참여할지어다 하고 한 달란트 받았던 자는 와서 이르되 주인이여 당신은 굳은 사람이라 심지 않은 데서 거두고 헤치지 않은 데서 모으는 줄을 내가 알았으므로 두려워하여 나가서 당신의 한 달란트를 땅에

감추어 두었었나이다.

보소서 당신의 것을 가지셨나이다. 그 주인이 대답하여 이르되 악하고 게으른 종아 나는 심지 않은 데서 거두고 해치지 않은 데서 모으는 줄로 네가 알았느냐. 그러면 네가 마땅히 내 돈을 취리하는 자들에게나 맡겼다가 내가 돌아와서 내 원금과 이자를 받게 하였을 것이니라 하고 그에게서 그 한 달란트를 빼앗아 열 달란트 가진 자에게 주라.

무릇 있는 자는 받아 풍족하게 되고 없는 자는 그 있는 것까지 빼앗기리라. 이 무익한 종을 바깥 어두운 데로 내쫓으라 거기서 슬피 울며 이를 갈리라 하니라."

노자의 《도덕경(道德經)》에서도 빈익빈 부익부에 관한 내용을 찾을 수 있습니다.

天之道, 損有餘而補不足 (천지도, 손유여이보부족)
人之道則不然 , 損不足以奉有餘 (인지도즉불연, 손부족이봉유여)

"자연의 법칙은 남는 곳에서 덜어내 부족한 곳을 보충하지만, 사람의 법칙은 부족한 곳에서 덜어내 남는 곳에 더한다."

부족한 곳에서 덜어내 남는 곳에 더하니 당연히 빈익빈 부익부 현상이 나타납니다. 2500년 전 노자의 혜안이 놀랍기만 합니다.

"다 함께 잘 살아야 합니다."

지도자 후보라면 누구나 공약하는 내용입니다. 물론 해결하기 어려운 숙제임은 틀림없습니다. 정책을 이끌어 가는 분들은 좀 더 많은 고민과 애민 정신이 필요합니다. 국제기구에서는 틀린 논리라고 사망선고를 내린 '낙수 효과'를 매체를 통해 부의 양극화를 줄일 수 있다고 주장합니다.

낙수 효과(trickle down effect)는 물컵에 물을 부으면 물이 넘쳐 바닥을 적시는 것처럼 대기업의 성장을 먼저 촉진하고 부유층의 부를 먼저 늘려주면 중소기업과 저소득 층에도 혜택이 돌아간다는 이론입니다. 아래의 컵에 먼저 물을 채운 후 위 컵을 채우는 정책은 불가능할까요.

재미있는 우리말의 유래 ❻

'고추'/홍산(紅山) 이훈재

우리나라 김치에서 빼놓을 수 없는 것이 고추입니다. 하지만, 고추가 우리나라에 처음 전해진 시기는 대략 임진왜란 전후로 알려져 있습니다. 고추는 가짓과에 딸린 여러해살이 나무입니다. 볼리비아 안데스가 원산이며, 열대 아메리카, 멕시코 유카탄반도에서 집중적으로 작물화되어 재배되었습니다.

고추의 어원: 고추의 어원은 먹으면 맵다고 '괴로울 고(苦)'자를 쓰는 '고초(苦椒)'(또는 苦草)에서 온 것으로, 16세기 자료인 훈몽자회에 따르면, '苦'가 '쓸 고'로, '椒'가 '고쵸 쵸'로 발음이 되기에 '고쵸'로 읽히다가, '고쵸'>'고초'>'고추'로 변화하였습니다.

지금의 '고추장'은 《영종실록》 44년(1768) 7월 28일조에 '松茸生鰒兒雉 苦椒醬 有此四味則善飯(송이, 생복, 어린 꿩, 고초장, 이 네 가지만 있으면 밥을 잘 먹는다)'로 나와 있습니다. 이 苦椒醬이 고쵸장>고초장>고추장으로 음운 변천한 것이라 할 수 있겠습니다.

1614년 편찬된 《지봉유설》에서는 고추가 일본에서 전래 되었다 해서 '왜개자(일본에서 들어온 겨자)'라 불렀으며, 이익은 《성호사설》에서 '왜초'라고 일컬었었습니다. 당시엔 고추를 일본인이 조선인을 독살할 목적으로 가져온 독초로 취급했다고 합니다.

한편, 한국식품연구원 권대영 박사에 의하면, 임진왜란이 일어나기 100여 년 전인 1487년에 발간된 '구급간이방'에 고추의 어원인 '고쵸'가 한글로 선명하게 나와 있고, 1527년 문헌인 '훈몽자회'에도 고추가 딸기, 머루 등과 함께 '고쵸

초'(椒)라고 명시되어 있으며, 고추장 역시 길게는 임진왜란 발발 750년 전 발간된 '식의심감'부터 조선 세종(1433년) 때 문헌인 '향약집성방' 등에 '고추장'(椒醬)이라는 표현이 기록돼 있으므로 임진왜란 이전 수백 년 전부터 고추가 존재했다는 근거를 발견했다고 합니다.[출처: 이재명, 고추, 임진왜란 이전부터 한국에 있었다, 한겨레신문, 2009. 02. 18.]

매운 고추의 대명사로 통하고 있는 '청양고추'는 알려진 바와 같이 충청도 청양군과 관련이 없으며, 국립 종자관리소에서 진행된 프로젝트에서 개발되었다고 합니다. 그 품종은 제주산과 태국산 고추를 잡종 교배하여 만든 것으로 경상북도 청송군과 영양군 일대에서 임상 재배에 성공하였으며, 현지 농가의 요청에 따라 청송의 청(靑), 영양의 양(陽)자를 따서 청양고추로 명명하여 품종 등록되었습니다. 또한, 우리가 잘 알고 있는 '달콤한' 고추, 파프리카는 부드러운 고추의 변종으로 미국의 열대지역에 뿌리를 두고 있습니다.

7 변동성

7.1 의심과 믿음

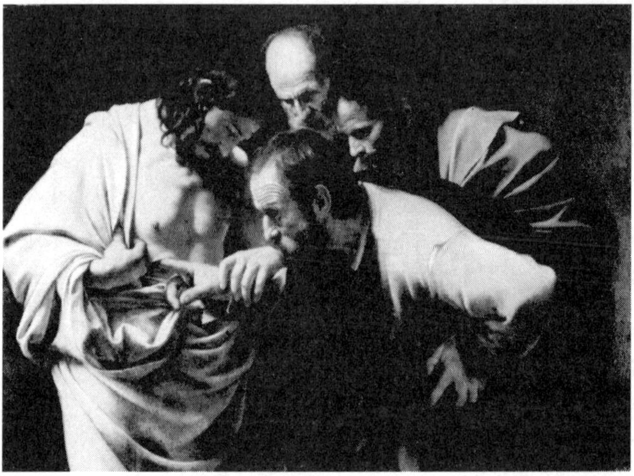

그림 7.1 카라바조, 〈의심하는 도마〉, 캔버스에 유채, 107 x 146cm, 1602년, 포츠담, 상수시 궁. 의심은 부정적인 의미가 있습니다. 하지만 카라바조는 〈의심하는 도마〉를 통해 "의심하라. 의심하기 때문에 인간이며, 의심하는 인간이 자유로운 인간이다."라고 주장합니다.

불세출의 천재 화가이면서 살인자, 동성 연애자, 건달 등 화려한(?) 이력을 가진 카라바조(Carravaggio)의 〈의심하는 도마〉 그림입니다.

성경에서 발생한 가장 초자연적인 사건은 무엇일까요?

네, 〈의심하는 도마〉의 주제인 예수의 부활입니다. 자기 눈으로 보기 전까지 예수의 부활을 믿지 않은 도마(Tomas)에 예수가

"이리 와서 직접 네 손으로 나의 부활을 확인해보렴"

이라고 하자 도마는 더러운 손을 성스러운 예수의 상처 속으로 집어넣는

장면입니다. 촉감의 시각화를 이보다 훌륭하게 표현한 작품이 있을까요? 그의 그림 중에는 성경의 주요 사건을 그림의 소재로 하는 작품이 많은데 그림의 배경은 칠흑 같은 어둠입니다. 이는 그림의 인물들이 검은 배경에서 마치 튀어나오는 듯한 생동감으로 강한 몰입감을 보는 사람에게 가져다준다고 합니다. 사람들은 카라바조의 그림에 등장하는 인물 표정의 생생함과 긴장감에 사로잡혀 그의 그림에 빠져듭니다. 그는 그림을 그릴 때 밑그림 없이 구도부터 세부적인 묘사까지 한 번에 그려내는 천재성으로 유명합니다. 그래서 그는 다른 유명화가들보다 더욱 훨씬 단기간에 그림을 완성했다고 합니다.

두 가지 재미있는 점을 그의 작품에서 발견할 수 있습니다. 카라바조는 그의 작품에 사인을 남기지 않는데 그의 최고 걸작으로 꼽히는 〈세례

그림 7.2 카라바조, 〈세례 요한의 참수〉, 캔버스에 유채, 361 x 560cm, 1608년경, 몰타, 성 요한 성당. 위 그림은 〈세례 요한의 참수〉의 일부분입니다. 그림 가장 아래에 세례 요한의 피로 쓴 카라바조의 사인이 있습니다.

요한의 참수(Beheading of Saint John the Baptist)〉에 목이 잘린 세례 요한의 피를 사용하여 그의 이름을 작품에 남깁니다.

다른 한 가지는 그는 자주 자신의 얼굴을 작품 속에 그려내고 있습니다. 〈골리앗의 머리를 든 다윗〉의 그림을 보면 다윗이 참수한 골리앗의 머리

그림 7.3 카라바조, 〈골리앗의 머리를 든 다윗〉, 캔버스에 유채, 100 x 125cm, 1605~1606년경, 로마, 보르게세 미술관. 다윗의 얼굴도 젊은 시절의 카라바조라고 합니다. 청년 카라바조가 어른 카라바조를 징벌한 후 애처롭게 바라보고 있는 듯합니다. 이중자화상을 통해 자신의 죄를 뉘우치고 용서를 구하고 있습니다.

를 들고 있는데 카라바조 자신의 얼굴입니다. 살인자인 자신을 정죄하는 의미는 아닌지 모르겠습니다.

의심에 대해 박지원은 《연암집》에서 다음과 같이 이야기합니다.

> "본 적이 적은 자는 백로를 가지고 까마귀를 비웃고 오리의 짧은 다리를 가지고 학의 긴 다리를 위태롭게 여긴다. 사물은 절로 괴이함이 없건만 공연히 제가 성내고, 한 가지만 자기와 아는 것이 달라도 만물을 온통 의심한다."

자기와 생각이 같으면 한편으로 여기고 다르면 적으로 생각하는 패거리 주의를 심하게 꾸짖고 있습니다.

네덜란드가 낳은 최고의 화가이며 미술사상 가장 위대한 화가 가운데 한 사람인 렘브란트(Rembrandt)의 작품 〈이삭의 희생〉입니다. 빛의 음영 효과를 렘브란트만큼 잘 표현하는 화가는 아마 없을 겁니다. 그가 그린 자화상을 보면 빛을 받지 않는 반쪽 얼굴에 밝은 역삼각형이 나타납니다. 이러한 조명 방법을 '렘브란트 조명'이라 합니다. 카라바조의 영향을 받은 그는 생동감 넘치는 인물의 표정과 동작을 절묘하게 묘사하여 마치 한 편의 연극장면을 보는 듯합니다.

〈이삭의 희생〉은 하나님에 대한 아브라함(Abraham)의 믿음을 시험하는 사건을 그린 그림입니다. 아브라함이 100살이 되었을 때 그의 첫 부인 사라(Sarah)에게서 아들이 태어나는데 그가 바로 이삭(Issac)입니다. 창세기에 아브라함은 하나님께서 명령하심에 따라 이삭을 산으로 데려가 번제로 바치려고 합니다. 그 순간에 천사가 급히 아브라함을 저지하는 그림입니다. 성경에는 아브라함이 이삭을 바치려는 순간 하나님의 저지

그림 7.4 렘브란트, 〈이삭의 희생〉, 캔버스에 유채, 132.8 x 193.5cm, 1635년, 에르미타쥐 박물관. 〈이삭의 희생〉이란 같은 주제로 다른 세 명의 화가들이 있습니다. 티치아노, 카라바조, 그리고 렘브란트이죠. 그림에서 모든 빛은 이삭에게 집중됩니다. 이삭의 얼굴을 가린 손에서 아브라함의 심정을 읽을 수 있습니다.

로 이삭은 살고 하나님께서 근처에 준비해 두신 양을 가져다 제물로 바칩니다. 그림에는 양의 모습은 보이지 않습니다. 이 사건을 통해 아브라함은 하나님의 시험에 통과합니다. 그리하여 아브라함은 믿음의 조상이 됩니다.

자식을 제물로 바치는 동양의 이야기가 있습니다. 춘추 5패 중 제나라 환공(桓公) 이야기는 관중(管仲)과 그의 지음(知音) 포숙아(鮑叔牙)의 우정 '관포지교(管鮑之交)'의 고사로 유명합니다. 하지만 전형적인 간신 가운데 한 명인 역아 이야기도 있습니다.

사마천(司馬遷)은 《사기(史記)》에 간신들의 이야기(영행열전(佞幸列傳))에서 간신을 다음과 같이 묘사하고 있습니다.

> "힘써 농사짓는 것보다 풍년을 만나는 것이 낫고 착하게 벼슬살이하는 그것보다 임금에게 잘 보이는 것이 낫다. 여자만 미모와 교태로 잘 보이려는 그것이 아니다. 벼슬아치의 삶이 그러하다."

제나라 환공의 신하 역아(易牙)에 대해 잠시 이야기하고자 합니다. 가까운 우리나라의 심청, 이스라엘 아브라함의 이삭 이야기 등 인류 역사에 인신 공양을 접할 수 있습니다.

자식을 제물로 바쳐야 하는 부모의 마음은 어떨까요? 새끼를 잃은 어미 원숭이가 죽어 배를 갈라보니 창자가 모두 끊어져 있다는 단장(斷腸) 이야기는 너무나 잘 알려져 있죠. 부모의 자식 사랑에 관한 다음과 같은 우화도 있습니다. 아내가 시키는 대로 하는 남자가 있었습니다. 어느 날 아내가 남편에게 늙은 시어머니를 죽여 증거로 심장을 가져오라고 합니다. 심장을 들고 달리던 남편이 돌부리에 걸려 넘어지자 심장이 아들에게 말합니다.

"얘야, 다친 데 없니?"

역아는 맛있는 음식을 먹고 싶은 주군(제나라 환공)에게 아들을 죽여 요리해서 바친 신하입니다. 환공의 욕망을 만족하게 해주기 위해 자신의 아들을 바쳤답니다. 한때 춘추시대를 제패한 환공의 말로가 어떨까요? 관중이 죽기 전에 환공에게 간신 역아를 멀리하라고 당부합니다.

> "자식을 죽여 폐하께 음식을 바친다는 것은 인간이 할 짓이 아닙니다. 무슨 짓을 할 줄 모릅니다."

처음에는 관중의 충언을 따르다가 다시 역아를 등용한 환공은 간신들의 반란에 결국 옥에 갇혀 굶어 죽습니다. 현명한 왕이었던 환공은 그야말로 아무것도 아닌 간신들에게 허무하게 무너졌습니다. 희대의 간신 역아 역시 비참하게 최후를 맞습니다. 예사롭지 않은 인물임이 틀림없고 주군과 나라에 충성(?)을 나름대로 한 인물이지만 글쎄, 자식을 죽여가면서 하는 충성은 과연 진실일까요? 하늘이 가만있지 않습니다. 《노자》에 다음과 같은 구절이 있습니다.

> 天網恢恢 疎而不失 (천망회회 소이불실)
> "하늘의 그물은 넓고 넓어 성긴 듯하나 놓치는 것은 없다."

촘촘하지 않은 듯한 하늘의 그물은 죄지은 사람을 놓치는 법이 없이 반드시 벌을 내린다고 합니다.

그리스 신화에도 비슷한 이야기가 있습니다. 탄탈로스(Tantalus)가 바로 그 주인공입니다. 그는 신들을 자기 나라에 초대해 제 아들을 죽이고 삶아 신들 앞에 내어놓습니다. 그의 천인공노할 짓에 신들은 탄탈로스를 저승에 보내어 영원한 허기와 갈증에 시달리는 벌을 내립니다. 그의 머리 위에는 먹음직스러운 과실나무가 아래는 물이 차오르는 연못에 갇힌 형벌입니다. 목이 말라 물을 마시려 하면 물이 내려가고 열매를 따려고 손을 뻗으면 올라가는 이보다 더 화나게 하는 형벌이 있을까요. 탄탈로스가 받은 저주는 딸 니오베(Niobe)에게도 적용됩니다. 니오베는 14명의 자식 자랑으로 신에게 오만함으로 도전해 결국, 자식을 모두 잃어버립니다. 토플 영어 단어에 '애타게 하다'는 의미의 tantalize가 있습니다. 이 단어는 그리스 신화의 탄탈로스로부터 파생되었습니다.

죄수의 딜레마 - "믿어야 해, 말아야 해"

믿음(협동)이 더 유리한 것임을 모두 알지만, 상대의 배신(의심)에 대한 걱정으로 인해 믿음을 포기하고 배신을 선택하는 게임 이론이 죄수의 딜레마(prisoner's dilemma)입니다. 내용은 다음과 같습니다.

A, B 두 명의 사건 용의자가 체포되어 각각 다른 취조실에서 자백할 수 있는 기회를 주면서 수사관은 다음과 같은 제안을 합니다.

- 둘 다 죄를 자백하지 않으면 둘 다 1년을 복역합니다.
- 둘 다 서로를 배신하여 죄를 자백하면 둘 다 5년을 복역합니다.
- 둘 중 하나가 배신하여 죄를 자백하면 자백한 사람은 즉시 석방되고

그림 7.5 게임 이론으로 유명한 〈죄수의 딜레마〉는 2명이 참가하는 비제로섬 게임(non zero-sum game)입니다. 반복되는 죄수의 딜레마(Iterated Prisoner's Dilemma)는 아주 단순한 메커니즘을 갖는 팃포탯(Tit for tat)전략으로 최적의 선택은 결국 협동이 최선의 선택지임을 보여줍니다.

침묵한 한 명은 10년을 복역합니다.

요약하면 아래의 표와 같습니다.

표 7.1 죄수의 딜레마

	B 침묵(믿음)	B 자백(배신)
A 침묵(믿음)	A 1년, B 1년	A 10년, B 석방
A 자백(배신)	A 석방, B 10년	A 5년, B 5년

A의 선택은 무엇일까요? A는 B가 침묵할지 자백할지 모르는 상황입니다. B가 침묵한다면 A는 배신하는 것이 유리하죠(자기는 석방되고 B는 10년 복역). B가 배신하면 A도 배신하는 것이 낫죠(둘 다 5년 복역). B의 선택도 마찬가지입니다. 따라서 결국 죄수 A, B는 모두 자백(배신)을 선택하고 각각 5년씩 복역한다는 게임 이론입니다. 둘 다 서로 믿고 침묵(믿음)하면 더 좋은 결과를 얻는데 말입니다.

국가 간 공조의 어려움을 죄수의 딜레마를 통해 이해할 수도 있습니다. 서로 공조하여 성장과 건전한 방향의 재정과 구조개혁을 실천하기보다는 돈을 풀는 통화 완화 정책에 의존할 수밖에 없는 현실이 죄수의 딜레마에 빠진 정책 결정자의 고민입니다.

7.2 변동성

투자할 때 가장 기본적인 두 가지 질문이 무엇일까요? "이 투자의 위험성(의심)은 어느 정도인가?" 그리고 "과연 수익률(믿음)은 얼마인가?"입

니다. 혹시 여러분께서 금융 관련해

"이 금융상품의 변동성과 리스크는 어떻게 관리하시나요?"

라고 질문하시면 상대방이 여러분을 마음속으로

"어, 이 친구 내공이 있어 보이네."

라고 생각할 겁니다. 그만큼 금융에서 변동성은 중요한 요인입니다.

변동성(volatility)이란 무엇인가?

변동성이란 단어를 경제 뉴스에서 종종 들어보셨을 겁니다.

"○○코인은 변동성이 너무 커 투자하실 때 주의하시기 바랍니다."

변동성은 단위 기간(예: 1년) 동안 산출된 로그 수익률의 표준편차(standard deviation)로 정의합니다. 금융에서 시간에 따른 거래 가격의 변동 정도라고 생각하시면 됩니다.

"표준편차, 어디서 좀 들어본 용어인데."

네, 통계학에서 주어진 데이터가 평균으로부터 얼마나 떨어져 있는지를 알려주는 수치입니다. 표준편차가 크다는 말은 평균으로부터 넓게 데이터가 분포되어있다는 말입니다. 로그(log) 수익률도 설명해 드릴게요.

"아, 나 로그 배울 때부터 수학 포기했는데."
"볼일 없을 줄 알았는데."

걱정하지 마세요. 계산은 프로그램이 다 해주니까요. 왜 로그를 사용하는지 이유를 알려드릴게요.

다음과 같은 3일 동안의 주가를 가정하죠.

표 7.2

시간	주가
1일	100(원)
2일	150(원)
3일	100(원)

일반적인 수익률(return)은 다음과 같이 계산합니다.

$$\text{수익률} = \frac{\text{나중가격} - \text{처음가격}}{\text{처음가격}} \times 100 = \frac{P_{n+1} - P_n}{P_n} \times 100$$

그럼 2일째 날 수익률은 얼마인가요? 네 50%입니다.

$$R_1 = \frac{150 - 100}{100} \times 100 = 50\%$$

3일째 날의 수익률도 같은 방법으로 계산할 수 있습니다.

$$R_2 = \frac{100 - 150}{150} \times 100 \simeq -33.3\%$$

첫째 날은 50%의 이익을 둘째 날은 약 33.3%의 손실을 보았습니다. 최종적으로 약 17%의 이익이 발생하였습니다. 그런데 뭔가 이상합니다.

1일과 3일의 주가는 둘 다 100원으로 같습니다. 그러면 당연히 최종 수익률은 0이 되어야죠. 무슨 말인가요? 일반적인 수익률로 계산하면 각각의 수익률의 합이 최종수익률과 같지 않게 됩니다.

이러한 계산상의 문제점으로 금융 분야에서는 로그 수익률을 사용합니다. 로그 수익률(log return)은 다음과 같이 계산합니다.

$$\begin{aligned} \text{로그 수익률} &= \ln\left(\frac{\text{나중가격}}{\text{처음가격}}\right)\times 100 \\ &= \ln\left(\frac{P_{n+1}}{P_n}\right)\times 100 = (\ln(P_{n+1}) - \ln(P_n))\times 100 \end{aligned}$$

2일째 날 로그 수익률은

$$(\ln(150) - \ln(100))\times 100 \simeq 40.55\%$$

이고 3일째 날 로그 수익률은

$$(\ln(100) - \ln(150))\times 100 \simeq -40.55\%$$

입니다. 두 로그 수익률의 합은 최종수익률 0과 같습니다.

"어, 로그가 이런데 사용되네."

금융 수학에서 변동성은 주로 그리스문자 σ(sigma, 시그마)를 사용합니다. 변동성은 단위 기간이 1일이면 일 변동성(σ_{day}), 1년이면 연 변동성(σ_{year})이라 합니다. 그리고 둘은 다음의 관계식을 가집니다.

$$\sigma_{day} = \frac{\sigma_{year}}{\sqrt{252}}$$

루트 안의 수 252는 통상 1년 거래일이 252일이기 때문입니다. 금융 수학에서 사용하는 변동성의 종류 중 역사적 변동성과 내재 변동성에 대해 알아보죠.

7.2.1 역사적 변동성(Historical Volatility)

역사적 변동성은 과거 자료를 이용하여 계산합니다. 일정 기간 기초자산(주식)의 가격으로부터 로그 수익률을 구한 다음 수익률의 표준편차를 구하여 얻을 수 있습니다. 역사적 변동성은 비교적 계산하기가 쉽습니다.

과거 애플 주식자료를 이용하여 역사적 변동성을 구할 수 있습니다. R 프로그램을 이용하여 보여 드리겠습니다.

```
 1. require(quantmod)
 2. aapl<-getSymbols("AAPL", auto.assign = F)
 3. head(aapl)
 4. tail(aapl)
 5. price<-aapl[ ,4]
 6. head(price)
 7. tail(price)
 8. log_return<-diff(log(price),lag=1)
 9. head(log_return)
10. vol<-sd(log_return, na.rm = T)
11. historical_volatility<-vol*sqrt(252)
12. historical_volatility
```

1~12 번호는 설명하기 위해 사용하니 프로그램에 사용하시면 안 됩니다.

1. 먼저 패키지 quantmod를 install해 1번을 실행하세요. 2번의 getSymbols() 함수를 사용하는 데 필요합니다.
2. getSymbols() 함수를 사용하여 애플 주가를 가져옵니다. AAPL은 '티커 기호'라고 하는 애플의 종목 기호입니다. 2번을 실행하면 2007부터 현재까지 애플 주식 자료를 얻을 수 있습니다. 한국 주가

도 물론 가능합니다.

3. 주가 데이터가 너무 많으니 앞부분만 표시합니다. 실행 결과는 아래와 같습니다.

```
head(aapl)
AAPL.Open AAPL.High AAPL.Low AAPL.Close AAPL.Volume
2007-01-03  3.081786  3.092143 2.925000  2.992857 1238319600
2007-01-04  3.001786  3.069643 2.993571  3.059286  847260400
2007-01-05  3.063214  3.078571 3.014286  3.037500  834741600
2007-01-08  3.070000  3.090357 3.045714  3.052500  797106800
2007-01-09  3.087500  3.320714 3.041071  3.306071 3349298400
2007-01-10  3.383929  3.492857 3.337500  3.464286 2952880000
           AAPL.Adjusted
2007-01-03      2.577937
2007-01-04      2.635158
2007-01-05      2.616391
2007-01-08      2.629312
2007-01-09      2.847729
2007-01-10      2.984010
```

보시면 2007년 1월 3일부터 10일까지의 애플 주식의 시가(시작가격, Open), 고가(High), 저가(Low), 종가(Close), 거래량(Volume), 그리고 조정가격(Adjusted)을 알 수 있습니다.

4. 데이터의 뒷부분을 보여줍니다. 프로그램을 2021년 2월 26일 실행하여 최종 애플 데이터가 2월 26일 주가 데이터입니다.

```
tail(aapl)
           AAPL.Open AAPL.High AAPL.Low AAPL.Close AAPL.Volume
2021-02-19    130.24    130.71   128.80     129.87    87525900
2021-02-22    128.01    129.72   125.60     126.00   103607600
```

```
2021-02-23    123.76   126.71  118.39     125.86  157859100
2021-02-24    124.94   125.56  122.23     125.35  110691500
2021-02-25    124.68   126.46  120.54     120.99  147306500
2021-02-26    122.59   124.85  121.20     121.26  164320000
           AAPL.Adjusted
2021-02-19        129.87
2021-02-22        126.00
2021-02-23        125.86
2021-02-24        125.35
2021-02-25        120.99
2021-02-26        121.26
```

5. 애플 주가 데이터의 4번째 열에 있는 종가를 사용하겠다는 의미입니다.

6~7. 데이터의 앞부분, 뒷부분을 보여줍니다.

8. 애플 종가(close price)의 로그 수익률을 계산합니다.

9. 로그 수익률 앞부분을 표시합니다.

10. 1일 변동성을 구합니다. 변동성은 로그 수익률의 표준편차라고 했죠. 로그 수익률은 위에서 구했으므로 sd() 함수를 이용하여 표준편차를 구합니다.

11. 1년 변동성을 구합니다.

7.2.2 내재 변동성(Implied Volatility)

블랙-숄즈 옵션 가격을 구하는 데 필요한 5가지 모수(parameter) 중 직접 관찰할 수 없는 것이 변동성입니다. 내재 변동성(implied volatility)은 시장에서 관찰되는 실제 옵션 가격에 내재한 변동성입니다. 내재 변동성은 블랙-숄즈 옵션 가격과 실제 시장의 옵션 가격이 같아지는 변동성입니다. 즉, 옵션의 시장가격으로부터 역산한 변동성이 내재 변동성입니다.

> 블랙－숄즈 옵션 공식(자산가격, 행사가격, 무위험 이자율, 잔존기간, sigma)＝시장 옵션가격

좌변의 식에서 기초자산가격, 행사가격, 무위험 이자율, 그리고 잔존기간은 알려져 있고 변동성 σ만 모릅니다. 우변도 시장에서 알 수 있습니다. 좌변과 우변이 같아지게 하는 σ가 내재 변동성입니다. 비선형 방정식이라 손으로는 구할 수 없습니다. 하지만 R의 GUIDE()를 사용하면 간단하게 구할 수 있습니다.

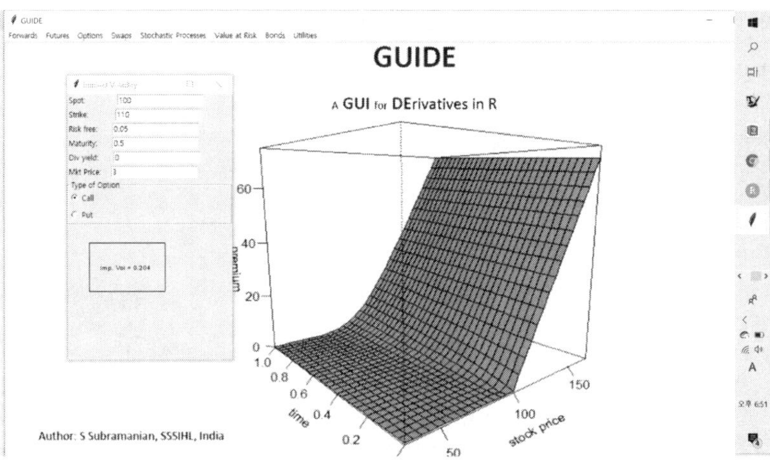

그림 7.6 R을 이용한 내재 변동성 구하기

options → implied volatility를 클릭하시면 왼쪽 창이 뜹니다. 거기에 기초 자산가격(Spot), 행사가격(Strike), 무위험 이자율(Risk free), 만기(Maturity), 그리고 시장 옵션 가격(Mkt Price)을 입력하고 Type of Option

에 Call을 선택하면 콜옵션의 내재 변동성을 구해줍니다.

과제 데이터를 사용하는 역사적 변동성은 과거 지향적이지만 내재 변동성은 미래 지향적입니다.

주식 시장의 혼란스러움을 표시하는 지수가 있습니다. 흔히 '공포지수'라고 부르는 VIX(volatility index)입니다. 시카고 옵션 거래소(CBOE)에서 실시간으로 제공합니다. CBOE에 상장된 S&P500 지수옵션의 향후 한 달간의 변동성에 대한 시장의 기대를 나타내는 지수입니다. 일반적으로 VIX가 30 이상이면 주식 시장이 불안해 변동성이 높다는 의미입니다. 2008년 금융위기 때에는 VIX가 거의 90이었고 코로나19에는 VIX가 80이 넘었다고 합니다. 시장이 불안하면 VIX가 높아지고 안전 자산인 달러의 가치가 높아지는 관계로 VIX와 원·달러 환율과는 양의 상관관계를 가집니다.

재미있는 우리말의 유래 ❼

'어중이떠중이'/홍산(紅山) 이훈재

우스갯소리가 하나 있습니다. 우리 선도를 통하여 자기 부양을 배운 어떤 법사님이 공중에 뜨는 장면을 본 사람들, "어, 중이 떠! 중이!" 정말 이 말이 스님(중)들과 연관성이 있는 말일까요?

우리말 사전에서 뜻을 살펴보면, '여러 방면에서 모여든, 탐탁하지 못한 사람들을 통틀어 낮잡아 이르는 말. [비슷한 말] 유상무상(有象無象)'이라고 이릅니다.

여러 자료를 통하여 '어중이떠중이'의 어원을 찾아보면, 다음과 같이 크게 두 가지 방면으로 그 어원이 해석되고 있습니다.

먼저, 위의 낱말은 '어중이'와 '떠중이'가 결합한 단어로 각각의 단어를 중첩한 첩어로 볼 수 있습니다. 어중이는 '어중'에 인칭 접미사 '이'가 붙은 구조이며, '어중'은 한자 '於中間(어중간)하다'에서의 於中과 같은 의미입니다. 따라서 '어중이'는 '이곳저곳에 속하지 않는 중간'에 어정쩡하게 있는 사람으로 '어느 쪽에도 속하지 아니한 사람'을 지시한다고 볼 수 있겠습니다.

'떠중이'의 어원은 분명치 않습니다. '어중이'에 운(韻)을 맞추기 위한 중첩어라고 볼 수 있습니다. 하지만, 굳이 '떠중이'라는 어형을 띤 것은 '어중이'의 강한 발음 '중'을 살려서 '어중이떠중이'로 익살스레 반복시킨 때문이 아닌가 합니다[출처: 정말 궁금한 우리말 100가지].

둘째로, '어중이떠중이'의 진짜 어원은 얻어먹는 사람, 즉 거지에서 찾아진다. '어린 거지 아이와 떠돌이 거지 아이', 이것이 바로 '어중이떠중이'의 어원입니다. 이것을 우리말 공식에 대입하면 오른쪽을 순서대로 배열하면, '어 지 ㅇ 이 떠 지 ㅇ 이' → '어 징 이 떠 징 이' → '어(으)징이 떠(뜨)징이' = '으징이 뜨징이'가 됩니다.

어	=	어
린		
거		
지	=	지
아	=	ㅇ
이	=	이
떠	=	떠
돌		
이		
거		
지	=	지
아	=	ㅇ
이	=	이

'어중이떠중이'는 맞고 '으징이 뜨징이'는 잘못된 것으로 알고 있으나, 사실은 '으징이 뜨징이'가 맞고 '어중이떠중이'가 잘못된 것입니다[출처: 한글학회].

한편, 조선 후기에는 과거시험을 준비하는 선비들이 10만 명에 이르기도 했다고 하며, 사나흘에 걸쳐 시험을 치른 때도 있었고, 시험관들은 10만 명의 논술 답안을 채점하기가 무척 어려워서 앞쪽 답안지를 먼저 보거나 앞부분만 읽게 되었다고 합니다. 사정이 이러하니, 시험장에 먼저 가서 앞에 앉아 시험지를 먼저 내는 것이 중요했고, 밤샘으로 기다리다 시험장이 열리는 순간 뛰어들어가 자리를 차지해주는 사람들이 성행하여 소위 '선접군'이라고 불렀는데, 바로 이 선접군을 우리말로 '어중이떠중이'라고 불렀다고도 합니다. 시험도 안 보는 '어중이떠중이'들이 시험장에 꽉꽉 들어찼으니 기가 찰 노릇이란 말입니다.

'어중이떠중이'의 영어식 표현은 'every Tom, Dick and Harry'이 해당하며, 한자식 표현으로는 유상무상(有象無象), 오합지졸(烏合之卒), 오합지중(烏合之衆) 등이 여기에 해당하는 표현입니다.

8 위기는 반복된다

8.1 위기는 빠르게 전파된다

그림 8.1 아르놀트 뵈클린, 〈페스트〉, 목판에 템페라, 149.8 x 105.1cm, 1898년, 스위스 바젤 미술관. 아르놀트 뵈클린은 죽음에 대한 천착과 풍부한 상상력, 세련된 색채 감각이 어우러져 독특한 화풍을 창조하였으며, 20세기 초현실주의 화가들에게 큰 영향을 남깁니다.

스위스 상징주의 화가 아르놀트 뵈클린(Arnold Böcklin)의 〈페스트(Pest)〉라는 작품입니다. 코로나19가 세상을 휩쓸고 있는 지금 위 작품의 상징적 의미를 생생하게 느낄 수 있습니다. 그런데 뵈클린이 죽기 3년 전에 착수한 〈페스트〉는 미완성 작품이라고 합니다. 그의 많은 자식이

(12명 중 6명) 페스트에 희생당해서 인지 그림에 잔혹사가 느껴집니다. 그의 작품에는 유독 죽음과 관련된 주제가 많습니다. 가장 유명한 그림이 〈망자의 섬(Island of Dead)〉입니다. 흰옷을 입은 사람이 죽음의 강 스틱스를 지나 망자의 섬으로 들어가는 그림입니다. 한때 화가를 꿈꾸었던 아돌프 히틀러는 뵈클린의 작품을 많이 소유할 정도로 그에 대한 애정이 남달랐다고 합니다.

그림 8.2 아르놀트 뵈클린, 〈망자의 섬〉, 캔버스에 유채, 80 x 150cm, 1866년, 독일 라이프치히, 조형예술 박물관. 삶을 마감한 이는 누구든 스틱스강을 건너 저승으로 사라집니다. '스틱스강을 건넌다(to cross the Styx)'라는 말은 '죽는다'라는 의미가 되었습니다.

14세기 유럽의 역사를 바꾼 페스트는 쥐벼룩이 옮기는 병으로 감염되면 피부가 까맣게 변하여 죽는다고 하여 흑사병이라는 이름이 붙었습니다. 페스트는 선페스트(bubolic palgue), 폐페스트(pneumonic plague), 그리고 패혈성 페스트(septicemic plague)로 분류됩니다. 선페스트는 림프가 부어올라 종기가 되어 결국 까맣게 되는 병입니다. 카뮈의 소설 《페스트》의 환자 증세와 같습니다. 폐페스트는 기침이나 재채기를 통한 비말

(droplet)감염 방식이고 패혈성 페스트는 전염 균이 혈액을 통해 감염되는 가장 치명적인 경우입니다. 흑사병이 전 유럽을 삼키자 희생양을 찾으려는 인간의 본능이 나타나기 시작합니다. 실망이나 좌절감이 확산하면 엉뚱한 범인 색출을 시작하죠. 그 희생양이 바로 유대인들입니다. 홀로코스트(Holocaust) 이전까지 유대인들이 맞이한 가장 큰 참사라고 합니다. 그런데 엄청난 인명피해를 남긴 대재앙 페스트의 긍정적 효과도 있었습니다. 살아남은 사람들은 인구가 현저히 줄어 식량 부족을 걱정할 필요가 없었고 제한된 자원을 효율적으로 활용할 수가 있었습니다.

무서운 역병으로 도시가 폐쇄되어 그곳에 갇혀 감옥살이하는 여러 군상의 심리를 카뮈(Camus)는 그의 소설 《페스트》에서 잘 표현하고 있습니다. 재앙이 사악한 인간에 대한 신의 징벌이라고 주장하는 파늘루 신부의 초월적 태도와 침묵하고 하늘만 바라볼 것이 아니라 있는 힘을 위해 다해서 페스트와 싸우자는 의사 리유와 타우의 반항적 태도 그리고 이 고장(오랑) 사람이 아닌, 자신과는 상관없는 곳에서 사랑하는 여자가 기다리는 고향으로 돌아가려는 기자 랑베르의 도피적 태도로 분류할 수 있습니다. 저자는 작품에서 기자 랑베르가 한 말이 너무나 아프고 위대하다고 생각합니다. 갖은 고생 끝에 행복을 찾아가기 전날 랑베르는 의사 리유를 방문하여 오랑을 떠나지 않고 남아 보건대 조직에서 봉사하겠다고 합니다. 리유가 이유를 묻자 랑베르는 이렇게 대답합니다.

"혼자만 행복하다는 것은 부끄러운 일인 것 같습니다."

지금 이 글을 쓰는 날이 코로나19가 국내에 처음 발생한 지 1년 되는 날입니다. 묵묵히 일하시는 의료진과 특히 간호 업무를 하시는 분들께 고개 숙여 감사드립니다.

페스트만큼이나 세계의 역사를 바꾼 질병이 있습니다. 바로 천연두입니다. 얼굴이나 몸에 물집성 발진이 생겨 사망할 수도 있고 살아남더라도 '마맛자국'을 평생 지울 수 없습니다. 천연두를 민간에서 '호환 마마'라고 불렀습니다. 고대 중국에서는 기원전 이미 천연두에 대한 기록이 있습니다. 유럽으로 천연두를 전파한 주범은 훈족(Huns, 흉노족)이라고 알려졌는데 명확하지는 않다고 합니다. 하지만 이 질병에 희생된 민족은 아메리카에도 있었습니다. 16세기 아스테카(Azteca) 문명을 정복한 코르테스(Cortes)의 경우 무기보다는 원주민들이 천연두에 의해 사망했기 때문에 가능했습니다. 남미에서도 정복자 피사로(Pizarro)의 군대에 의한 감염성 질환이 잉카제국을 무너뜨렸습니다. 미국이 서부를 개척할 때도 북아메리카 원주민에게 일부러 전염병을 사용했다는 주장도 있습니다.

이 시기에 인류에게 구원자가 등장합니다. 예방접종(vaccination)이라는 새로운 천연두 치료법을 발견한 에드워드 제너(Edward Jenner)입니다. 우두에 걸린 수포액을 인간에게 주입해 면역을 형성하는 방법입니다. 그가 살아있다면 화이자(Pfizer), 아스트라제네카(AstraZeneca) 등의 제약회사의 CEO는 떼 놓은 당상 아닐까요.

우리나라에서도 다산 정약용이 《마과회통(痲科會通)》에서 최초로 종두법을 소개하였습니다. 의학까지 도대체 정약용이 다루지 않은 분야가 있는지요. 그는 행정가, 경제학자, 법률학자, 역사학자, 심지어 지리학자이기도 합니다. 수원 산성 건축에 거중기, 정조가 한강을 건널 때 사용한 배다리 설계 등 그는 뛰어난 발명가이자 건축가이기도 합니다. 혹시 10만원 지폐가 생긴다면 가장 적합한 인물이 아닐까요? 미국 달러화 인물 중 대통령이 아닌 사람은 두 명입니다. 그중 한 명이 미국인이 사랑하는 100달러의 인물인 다재다능한 벤저민 프랭클린(Benjamin Franklin)입니다. 하지만 그는 다산 정약용 앞에서는 명함도 못 내밀 것입니다.

지금으로부터 거의 1세기 이전, 전 세계는 스페인 독감(Spanish flu)으로 제1차 세계대전 사망자보다 많은 인명피해를 입는 팬데믹(pandemic)을 경험했습니다. 스페인 독감의 발병 근원지는 스페인이 아니고 미국입니다. 미국 독감 1호 환자가 제1차 세계대전에 참전하였고 전장에 간 독감은 적군 아군 가리지 않고 공격하였습니다. 1919년 3.1 만세 운동이 일어나기 전 1918년에 우리나라도 스페인 독감으로 많은 회생이 발생했다고 합니다.

생물학적 전염병이 지나가자 바로 유럽에는 새로운 전염병이 창궐합니다. 마르크스주위와 극단적인 민족주의 파시즘의 이데올로기 전염병 말입니다.

> "Ein Gespenst geht um in Europa – das Gespenst des Kommunismus!"
> "하나의 유령이 유럽을 배회하고 있다 – 공산주의라는 유령이!"

생물학적 전염병 못지않게 이데올로기 전염병도 무섭기는 마찬가지입니다. 이데올로기 전염병이 나타날 때마다 항상 피리 부는 사나이들이 등장합니다. 그들은 화려한 미사여구와 엄청난 선심 공약을 선보이며 국민을 선동합니다. 하지만 동화 〈피리 부는 사나이〉의 교훈을 잊지 말아야 합니다. 피리 부는 사나이가 사랑하는 자식을 데리고 마을을 떠나버리죠.

8.2 천재들의 실패

1998년은 전 세계 금융계를 뒤흔들어 놓았던 헤지펀드 롱텀캐피털 매니지먼트(Long Term Capital Management, LTCM)가 망한 연도입니다. LTCM의 구성원은 월가에서 관록을 쌓은 증권가 사람들이 아니고 금융 전공 박사들과 수학 및 컴퓨터 전문가들로 이루어진 'best of best'였습니다. 헤지펀드 파트너 가운데 5명은 하버드와 스탠퍼드 대학에서 재무학을 가르치는 전·현직 교수였고, 7명은 MIT와 시카고대학에서 재무학과 경제학의 금융 박사들이었습니다. 이 가운데 두 명은 노벨경제학상을 받은 학계의 거장(숄즈와 머턴)이었습니다. LTCM의 투자전략은 수학 모델과 컴퓨터 프로그램을 이용해 '컨버전스 트레이딩'(convergence trading)이라 불리는 무위험 차익거래(arbitrage)를 추구하였습니다. 조금 싸고 오래된 채권을 매수하고, 조금 비싸고 새로운 채권을 공매하는 전략입니다.

LTCM을 이끈 드림팀

존 메리웨더	**로버트 머튼**	**마이런 숄즈**	**데이비드 멀린스**
월가 펀드매니저	노벨 경제학상 수상자	노벨 경제학상 수상자	FRB 부의장

그림 8.3 LTCM은 존 메리웨더를 주축으로 1993년 설립된 회사입니다. 메리웨더는 블랙-숄즈 공식을 낳은 로버트 머튼과 마이런 숄즈 같은 스타들을 파트너로 영입하였습니다.

LTCM은 설립 첫해 28%의 수익률을 거뒀고, 그 이듬해 59%, 그리고 3년째는 57%라는 뛰어난 성과를 거뒀습니다. 물론 레버리지를 이용한 수익률입니다. 그러나 LTCM의 연금술의 마법은 3년으로 끝났습니다. 1997년 후반에 터진 아시아 국가들의 외환위기와 결정적으로 1998년 러시아 채무불이행(default) 사태로 치명상을 입어 결국 1998년 9월 23일 뉴욕 연방준비은행의 주도하에 무려 16개의 금융기관으로부터 구제금융(bail-out)을 지원받고 LTCM은 완전히 침몰했습니다.

그렇다면 금융 천재들은 왜 투자에 실패했을까요?

LTCM의 수학과 금융 박사들은 자신들을 망하게 하는 사태가 일어날 확률을 내부적으로 계산해 보았는데 그 확률이 정규분포의 '10 시그마'(표준편차의 단위)였습니다. 이는 우주가 사라지는 확률보다 적습니다.(너무 과장인가?) 하지만 좀처럼 발생하기 어렵지만 한 번 일어나면 그 충격이 너무나 큰 '블랙스완(black swan)'을 만나 일순간에 무너졌습니다. 처음에는 LTCM이 높은 수익률을 남기자

"그래, 역시 달라도 달라, 드림팀이잖아."

라는 인식에 LTCM은 은행 돈을 쉽고 좋은 조건으로 빌려다 투자를 합니다. 그리고

"시장도 우리가 정확히 예측할 수 있어."

라고 자만합니다. 인간이 일시적인 성공에 도취하면 교만에 빠질 수 있다는 교훈을 우리는 LTCM 사태에서 얻을 수 있습니다. 알튀세르(Louis Althusser)는 교만에 대해 다음과 같은 질문을 합니다.

"히말라야 높은 설산에 사는 토끼가 가장 조심해야 하는 것은 무엇인가?"

그리고 답합니다.

"추운 동상이 아니라 평지에 사는 코끼리보다 자기가 크다고 착각하는 것이라고."

세상의 꼭대기에 앉아 있을 때 저지르는 가장 큰 실수는 자신이 영원히 그 자리에 머무를 것이라는 착각이죠. 공을 이루었으면 미련을 갖지 말고 물러나야 하는데 그것이 그리 어려운 것 같습니다. 권력으로 재산을 늘릴 기회가 주어지는데도 정의의 논리 때문에 눈앞의 이익을 포기하는 사람은 극히 드문 세상입니다.

블랙스완이 나타나는 사전 징조는 전혀 없을까요? 그렇지 않다고 식자는 이야기합니다. 물론 이것은 사후 확증 오류의 전형적인 핑계처럼 보이기도 합니다. 그들의 주장은 이처럼 큰 금융위기의 전조가 부지불식중에 여러 곳에서 감지되었다고 합니다.

보험회사에 다니던 하인리히(Heinrich)는 사례 분석을 통해 하나의 통계적 법칙을 발견하였습니다. 그것은 산업재해가 발생하여 중상자가 1명 나오면 그 전에 같은 원인으로 발생한 경상자가 29명, 같은 원인으로 상처를 입을 뻔한 잠재적 부상자가 300명 있었다는 사실입니다. 하인리히 법칙은 1:29:300 법칙이라고 합니다. 큰 사고는 우연히 또는 어느 순간 갑작스럽게 발생하는 것이 아니라 그 이전에 반드시 대수롭지 않은 사고들이 반복되는 과정에서 발생한다는 것을 실증적으로 밝힌 것으로, 큰 사고가 일어나기 전 일정 기간 여러 번의 경고성 징후와 전조들이 있다는 사실을 입증합니다. 다시 말하면 큰 재해는 항상 사소한 그것들을 내버려 둘 때 발생한다는 것이죠. 사소한 문제가 발생하였을 때 이를 자세히 살펴 그 원인을 파악하고 잘못된 점을 바로잡으면 대형사고나 실패를 방지할 수 있지만, 징후가 있음에도 이를 무시하고 내버려 두면 돌이킬 수 없는 대형사고로 번질 수 있다는 그것을 경고합니다. 확연한 신호를 매번 놓치는 이유 중 하나는 외눈박이처럼 세상을 보는 태도를 버리지 않아서는 아닐까요.

하나를 보면 열을 알 수 있습니다. 견미지저(見微知著)라는 사자성어가 있습니다. 일의 미세한 조짐을 보고 본질을 안다는 뜻으로, 어떤 조짐을 통해 결과를 예측할 수 있다는 말입니다. 기자(箕子)는 은나라 마지막 왕, 주왕(紂王)이 상아로 만든 젓가락을 사용하는 것을 보고 한탄하며 말합니다.

> "상아 젓가락을 사용하면 반드시 옥으로 된 잔을 쓸 것이고, 옥 잔을 쓰면 반드시 진귀하고 기이한 물건들을 담을 것입니다. 그러니 수레와 말, 궁궐의 사치스러움이 이것으로부터 점점 시작될 것이니 나라는 흥성할 수 없을 것이다."

기자는 주왕이 상아 젓가락을 쓰는 것을 보고 은나라의 멸망을 예측했습니다. 역경(逆境)을 이기는 《역경(易經, 주역)》에

'履霜 堅氷至 (이상 견빙지)'

문구가 곤괘(坤卦)에 있습니다. 서리를 밟게 되면 곧 얼음을 보게 될

징조로 알아야 한다는 의미입니다. 어떠한 징후가 보이면 머지않아 큰일이 일어날 그것을 비유하고 있습니다.

8.3 탐욕과 교훈

파생상품을 다루는 금융회사의 위험 중의 하나는 거래를 위임받은 직원이 허가받지 않는 투기로 회사에 큰 손실을 안기는 경우입니다.

닉 리슨(Nick Leeson)은 영국의 가장 오래된 투자은행 베어링스 은행(Barings Bank)을 파산시킨 파생상품 딜러입니다. 그는 싱가포르와 오사카에서 거래되는 닛케이 225 지수선물 가격을 이용하여 차익거래를 담당했습니다. 지수의 급격한 변동성으로 2천만 달러의 손실을 보았습니다. 그는 이를 만회하기 위해 위험한 투자를 한 결과 손실이 눈덩이처럼 커져 약 12억 달러의 손실을 보았습니다. 한 직원의 잘못된 판단으로 233년 전통의 은행은 역사의 뒤안길로 사라졌습니다. 그는 옥중에서 자신의 경험을 《Rogue Trader》라는 제목의 자서전을 썼으며, 그의 이야기는 〈갬블(Gamble)〉이라는 제목으로 영화가 개봉되었습니다. 전하는 이야기로는 그는 악인이 아니고 아주 평범한 사람이라 합니다.

2008년 프랑스에서 가장 오래된 은행 중 하나인 소시에테 제네랄(Société Générale) 은행의 대규모 손실도 비슷한 경우입니다. 선물 딜러인 제롬 케르비엘(Jerome Kerviel)에 의한 선물거래로 인해 약 70억 달러의 손실이 발생하였습니다. 제롬은 은행 안에 비밀 사업체를 세우고 선물상품을 투자하다가 은행 측에 엄청난 금액에 달하는 피해를 주었습니다. 이는 개인이 일으킨 금융사고로는 세계에서 가장 큰 규모의 사고라고 합니다. 그는 징역 3년, 집행유예 2년, 그리고 벌금 7조 6천억 원을 판결받았다고 합니다. 이 돈은 그가 월급을 한 푼도 안 쓴다고 하더라도 벌금을 갚기 위해서는 약 17만 년 정도 걸린다고 합니다. 이 손실기록은 버나드 메이도프(Bernard Madoff)에 의해 깨어집니다. 그는 650억 달러에 달하는 최대의 폰지 사기(Ponzi scheme)를 벌여 150년 형을 선고받습니다. 폰지 사기는 고수익을 미끼로 새로 가입한 투자금으로 기존 투자자에게 수익을 지급하는 전형적인 사기 수법입니다.

베어링스 은행과 소시에테 제네랄 은행 사례는 무엇이 잘못될 수 있는지를 잘 보여주고 있습니다. 파생상품 거래자가 차익거래자의 처지에서 투기자로 전환할 수 있습니다. 그리고 이들이 실제로 무슨 일을 저지르는지 아무도 모를 정도로 시스템이 취약했습니다. 위험 한도를 명확히 제한하고 부담되는 위험을 정확히 보고하는 시스템이 필요합니다. 물론 지금은 모든 금융기관이 이러한 시스템 위험을 잘 관리하고 있습니다.

몇몇 거래자는 다른 거래자보다 우수할 수 있습니다. 그러나 어떤 거래자도 항상 미래를 예측할 수 없습니다. 과거 몇 번의 훌륭한 실적을 가지고 시장을 꿰뚫을 수 있다고 생각하지 말아야 합니다. 인간의 어리석음을 과소평가하지 말아야 합니다.

8.4 누구나 악인이 될 수 있다

한나 아렌트(Hannah Arendt)는 위 명제를 그녀의 저서 《예루살렘의 아이히만(Eichmann in Jerusalem)》에서 자세히 설명하고 있습니다. 그녀는 하이데거(Heidegger) 밑에서 철학을 공부했으며 그와 연애 관계에 있었습니다. 이후 나치에 적극적으로 협력하던 그에게 깊은 환멸을 느끼게 되어 그를 떠납니다. 그리고 실존주의 철학자이자, 심리학자인 카를 야스퍼스(Karl Jaspers)의 지도를 받습니다. 미국으로 망명한 그녀는 1959년에는 프린스턴 대학에서 전임 교수직에 지명받은 최초의 여성이 되었습니다.

《예루살렘의 아이히만》은 1961년 예루살렘의 재판소에서 열린 나치 친위대인 1급 전범 아돌프 아이히만을 상대로 이루어진 소송을 직접 목격한 이야기입니다. "악인은 선천적으로 태어나지 않는다"는 악의 평범함(banality of evil)을 그녀는 주장합니다. 악의 평범함이라는 개념은 악인으로 잘 인식되지 않는 인물이 태연하게 일상적으로 끔찍한 악을 저지를 수 있다는 의미입니다. 아이히만은 법정 진술에서 이렇게 주장합니다.

> "전 제가 한 행동이 부끄럽지 않습니다. 전 의도적으로 누군가를 해치려고 한 적이 없어요. 위에서 지시하는 대로 했을 뿐입니다. 하지만, 저는 그곳에 있었지요."

그런데 어디서 많이 들어본 주장 아닌가요?

5.18 민주화 운동을 진압한 국가폭력범, 민주화 운동의 열사를 괴롭힌 남영동 고문 전문가, 그리고 강압으로 죄 없는 약자를 몇십 년간 감옥살

이를 하게 만든 수사관들의 주장과 너무 비슷합니다.

평범한 사람들도 살아가면서 끊임없이 크고 작은 부정행위를 저지릅니다. 《거짓말하는 착한 사람들》을 저술한 댄 애리얼리(Dan Ariely)에 의하면 사람들은 두 가지 요인에 의해 행동한다고 합니다. 하나는, 다른 사람이 자신을 정직하고 존경받아 마땅한 인물로 봐주길 바랍니다. 다른 한편으로는 다른 사람을 눈을 피해 이득을 얻고자 합니다. 애리얼리는 인간은 서로 충돌할 수밖에 없는 이 두 가지 욕망 사이에서 균형을 잡기 위해 부단히 노력하는 존재라고 주장합니다. 그는 어떤 상황에서 이런 균형이 한쪽으로 현저하게 기울게 될지를 알아보고자 다음과 같은 실험을 합니다. 애리얼리는 MIT 기숙사에 학생들이 공동으로 사용하는 냉장고에 코카콜라 6개들이 팩과 1달러짜리 지폐 6장을 넣습니다. 실험 결과 72시간 후 코카콜라는 모두 사라졌지만, 돈은 고스란히 남았습니다. 사람들이 본능적으로 돈은 훔치기를 꺼린다는 점을 알 수 있습니다. 하지만 같은 가격의 물건(코카콜라)은 가져갑니다. 돈은 가져가지 않아 자신은 정직하다고 생각하고, 보는 사람이 없어 코카콜라를 가져가는 이득을 취합니다. 많은 사람이 비슷한 행동을 합니다. 회사의 볼펜, 포스트잇 등을 집에 가져가 사용하기도 하죠. 환경만 조성되면 무심코 저지를 수 있습니다.

비슷한 논리로 미국의 범죄학자인 제임스 윌슨(James Wilson)과 조지 켈링(George Kelling)이 공동 발표한 '깨진 유리창 이론'(broken windows theory)이 있습니다. 깨진 유리창 하나를 내버려 두면, 그 지점을 중심으로 범죄가 퍼지기 시작한다는 이론입니다. 사소한 무질서를 내버려 두면 큰 문제로 이어질 가능성이 크다는 의미입니다. 길거리에 먹다 남은 커피 컵들이 몇 개 늘어 놓여 있으면 지나가는 사람들이 하나둘씩 그 곁에

다 비슷한 커피 컵들을 두고 가는 모습을 볼 수 있습니다.

이러한 행위를 줄이는 효과적인 방법은 무엇일까요?

애리얼리는 사회적 감시와 처벌보다는 명예 선언이나 공직자의 청렴 선언처럼 도덕성을 상기시키는 장치를 하는 게 차라리 효과적이라고 주장합니다.

재미있는 우리말의 유래 8

'동냥'/홍산(紅山) 이훈재

일상생활에서 사용하는 말 중에는 '동냥하러 다닌다', '귀동냥을 한다', '동냥 오신 스님' 등 이상한 표현들이 있습니다. '서양'도 아니고 '동양'? '동양'도 아니고 '동냥'?

왜 구걸이라는 의미가 '동냥'이라는 이상한 말로 바뀌었을까요?

의미: '거지가 돈이나 물건을 구걸하는 일'을 뜻합니다.

'동냥'이라는 말은 한자 말인 '동령(動鈴)'에서 온 말이다. 동령 → 동녕 → 동냥으로 변천된 것입니다. 예로부터 스님들이 탁발을 나갈 때 염불과 함께 방울을 흔들어 존재를 알려주는데, 이때 방울을 '요령(搖鈴)'이라 하고, 요령을 흔드는 것을 '동령(動鈴)'이라고 했습니다.

지금은 방울 대신 목탁을 두드리지만, 예전에는 목탁보다는 문전에서 방울을 흔드는 것이 더 불교다웠고, 여기에서 '동냥'이라는 말은 이렇듯 스님이 집집이 곡식을 얻으러 다니던 데서 비롯한 말입니다.

역사적으로 남북국시대(통일신라)와 고려 시대를 지나서 조선 시대 유학자들이 유학을 국학으로 숭상하면서, 불교를 천대하고자 동령을 비하하면서 동령을 '구걸'과 같은 뜻으로 비하했다고 생각해 봅니다.

한편 '가을 중 싸대듯'이라는 말이 있습니다. 이 말은 가을이 되면 농민들이 곡식을 수확하게 되고, 그러면 스님들은 때맞춰 시주를 얻기 위해 부지런히 다녀야 한다는 데서, 여기저기 바쁘게 돌아다닐 때 쓰이는 말이 되었습니다. '동냥하며 돌아다니는 사람'을 '동냥아치'라고 부릅니다.

우리가 익히 알고 있는 '심청전'에는 갓난 어린애 심청이를 키우기 위하여 심 봉사가 '동냥젖'을 얻으러 마을을 다니고 있다. 심청이 육칠 세가 되자 아버지 대신 밥을 빌러 나가 동냥을 얻어 아버지를 극진하게 모시고 있다. 또한 '동냥' 나온 몽은사 화주승으로부터 심 봉사의 눈을 뜨게 한 것은 동냥을 나온 몽은사 화주승의 권선에서, 왕비가 된 심청이 베푼 장님과 거지들을 위한 동냥 잔치에서 아버지를 만났으니 동냥이 지닌 적선 공덕에 대한 의미를 가장 잘 말해주고 있습니다. 더욱이 송광사 성보박물관에 보관된 《관음사사적》에 전하는 연기 설화를 보면, 장님 아버지를 둔 원홍장이 홍법사의 불사를 위하여 성공 스님에게 시주되고, 스님을 따라나섰다가 중국 진나라의 사신을 만나 황후가 되었는데, 고국을 못 잊어 불탑과 불상을 만들어 보내던 끝에 자신의 원불로 조성한 금동 관음보살상을 옥과처녀 성덕보살이 발견해서 모신 곳이 관음사라고 합니다.

한편, "독일어로 거지를 뜻하는 'Schnorrer'는 거리의 악사들이 슈누레(schnurre)라는 악기를 들고 떠돌아다니며 동냥을 하던 데서 유래한 단어입니다. 오늘날에는 거지를 남의 것을 힘들이지 않고 가지려는 게으른 사람이라고 생각하지만, 종교에서는 동냥을 신성한 행위로 인식하기도 했습니다. 대표적인 것이 불교의 탁발 수도승입니다. 탁발이란 도를 닦는 승려가 경문을 외면서 집집이 동냥하러 다니는 것입니다. 탁발 수도승은 사람들에게 선행의 대상이 되어줌으로써 자선의 길로 들어서게 도와줍니다."[출처: 모니카 비트블룸, 산드라 뤼프케스 저, 서유리 옮김, 내 옆에는 왜 이상한 사람이 많을까?, 동양북스, 2014.]

9 퀀트(quant)

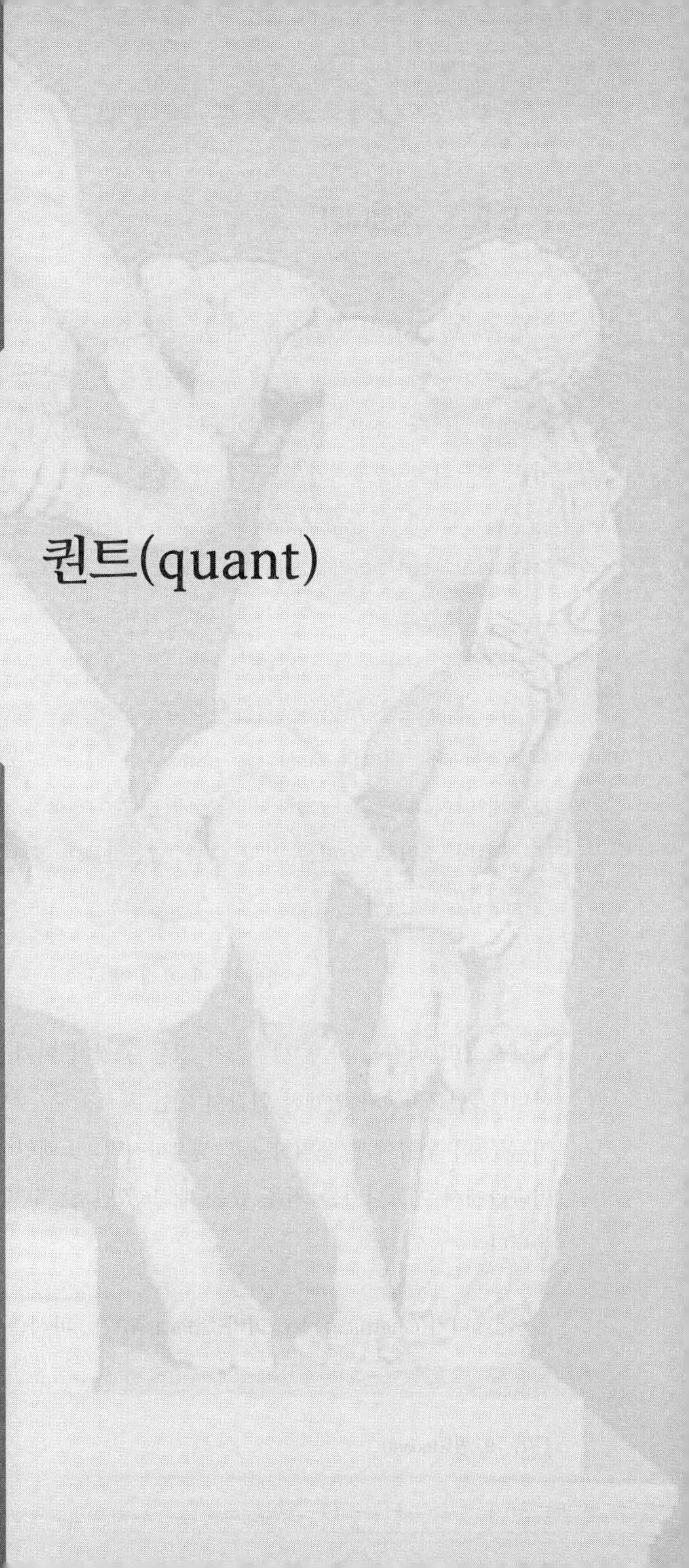

9.1 게르니카

몇 년 전 구글의 인간수명 비밀 연구 프로젝트가 공개되었습니다. 결과는 벌거숭이 두더지의 늙지 않는 방법을 인간수명 연장에 응용하겠다는 내용입니다. 신의 섭리에 어긋나는 행위이니, 진시황도 이루지 못한 일을 하느냐고 종교계와 인권 관련 단체의 반대가 눈에 선합니다. 하지만 나노기술과 인공지능으로 머지않아 진시황의 불사까지는 아니지만, 수명 연장은 가능하다고 생각합니다.

기사를 읽다가 문득 생각나는 것이 구글은 인간수명 연장이 불사가 아닌 불로에 목표를 두어야 할 듯합니다. 그 이유는 그리스 신화에서 찾을 수 있습니다. 새벽의 여신 에오스(Eos)는 인간 티토노스(Tithonos)에게 첫눈에 반하여 그를 납치해서 사는데 제우스에게 불로불사를 청하지 않고 불사만 부탁해 죽지는 않고 늙고 쪼그라들어 혼자 무슨 말인지 모르게 구시렁거립니다.

"뭐라고 씨 부리 쌓나."

에오스의 버림을 받자 제우스가 그를 불쌍히 여겨 매미로 만들었다고 합니다. 인공지능과 연계한 인간의 게놈 프로젝트, 수명 연장 프로젝트들이 분명히 인류에게 유익하다고 생각하지만, 스페인 마드리드의 소피아 미술관에서 게르니카를 처음 봤을 때 느꼈던 알 수 없는 두려움이 밀려옵니다.

〈게르니카(Guernica)〉는 피카소(Picasso)가 파시즘을 비판한 유명한 작품입니다. 그는 이 작품을 위해 서로 다른 79점의 스케치를 그렸습니다. 〈게르니카〉는 스페인 내전 당시 나치군이 스페인 게르니카 지역 일대를 비행기로 폭격하는 참상을 피카소가 그린 그림입니다. 피카소는 정치에 관심이 없는 화가였으나 이 작품을 통하여 정치적 이데올로기에 대한 저항을 보여주고 있습니다. 피카소는 검은색, 흰색, 그리고 회색만을 이용하여 전쟁의 참혹상을 처절하게 표현하고 있습니다. 피카소는 말합니다.

"그림은 적과 싸우며 공격과 방어를 하는 하나의 무기입니다."

〈게르니카〉가 완성된 후 〈게르니카〉 그림엽서를 들고 온 독일군 장교가

"이 그림을 그린 화가가 당신이오?"

라고 질문하자 피카소가

"아니요. 당신들이 그린 그림이지."

라고 대꾸해 그의 배짱을 보여준 이야기는 유명합니다.

크기는 벽면 한쪽을 가득 채운 349.3×776.6 cm이고 현재 스페인 마드리드의 프라도 미술관(Museo del Prado) 근처에 있는 레이나 소피아(Reina Sofía) 국립 미술관에 소장되어 있습니다. 〈게르니카〉를 직접 보았을 때 엄청난 규모와 왠지 모르는 중압감을 느꼈는데 같이 근무하는 동료 교수가 스탕탈 증후군을 저자에게 알려주었습니다. 스탕달 증후군(Stendhal syndrome)은 아름다운 그림 같은 뛰어난 예술 작품을 감상하면서 심장이 빨리 뛰고, 의식 혼란, 어지럼증, 심하면 환각을 경험하는

현상입니다. '스탕달 증후군'이라는 명칭은 프랑스의 작가 스탕달이 르네상스 시대의 미술품인 '베아트리체 첸치의 초상'을 감상하다가 무릎에 힘이 빠지고 심장이 빠르게 뛰는 것을 수차례 경험한 데서 비롯되었다고 합니다.

9.2 숫자 조작 쉽게 알 수 있다?

세상에는 숫자가 넘쳐 납니다. 재미있는 것은 현재 코스피, 코스닥의 주식 가격의 제일 앞자리는 1부터 9까지 어떻게 분포되었을까요? 직감으로는 1부터 9까지는 균등하게 분포되어야 하지만 통계에 의하면 1로 시작하는 주식 시가가 30% 정도입니다. 첫 번째 자리에 오는 숫자의 빈도를 나타내면 다음과 같습니다.

표 9.1 벤포드의 법칙

1	2	3	4	5	6	7	8	9
30.1%	17.6%	12.5%	9.7%	7.9%	6.7%	5.8%	5.1%	4.6%

이것을 벤포드의 법칙(Benford's rule)이라 합니다. 이것은 통계 숫자의 경우, 특정 숫자가 다수 등장하는 현상을 보여줍니다. 벤포드 법칙에 어긋난 통계 수치는 조작을 의심해 볼 수 있습니다. 회계에서 자주 발생하는 숫자 조작을 잡을 수 있는 아주 간단한 방법이기도 합니다.

9.3 퀀트

여러분이 만약 다른 투자자들의 매매 신호를 먼저 알 수 있다면 어떻게 하겠습니까?

어느 기업의 주식 매수 신호를 여러분이 먼저 안다면 고객의 주문 체결하기 전에 여러분이 먼저 매수하여 주가를 올려 이익을 얻을 수 있겠죠. 이런 일이 가능하냐고요?

마이클 루이스(Michael Lewis)의 《Flash Boys》는 이러한 내용을 출간하여 세상의 이목을 끌었습니다. 엄청난 돈을 들여 광통신망을 설치하여 다른 투자자의 거래를 0.0001초 미리 파악하여 주가를 올려 매매 한다는 내용입니다. 이러한 거래를 선행 매매(front-running)라 합니다. 엄청난 자금력과 복잡한 수학적 이론으로 무장한 코드 작성 능력이 있어야만 가능하겠죠.

도대체 누가 이런 능력이 있을까요? 퀀트(quant)라는 직업을 들어보셨나요? quantitative(개량적) + analyst(분석가) 의미로 수학, 통계학, 물리학 등의 지식을 바탕으로 컴퓨터를 통한 금융모델을 프로그램하여 투자하는 사람을 말합니다. 1970년 후반까지 우주 계획을 추진하던 나사(NASA) 과학자들이 냉전이 끝나고 데탕트 시대를 맞이하여 결국 월스트리트로 대거 진출하며 주목을 받은 직업입니다.

퀀트에는 세 부류가 있습니다.

고객이 원하는 상품을 만들거나(sell side 퀀트) 직접 자산을 매수, 매도하는(buy side 퀀트) 일을 하는 사람을 프런트 오피스(front office) 퀀트라고 합니다. 백 오피스(back office) 퀀트는 교육, 회계 등 회사 운영과 관련된 일을 합니다. 리스크를 관리하거나 IT 부서의 사람을 미들 오피스(middle office) 퀀트로 분류합니다. IT를 다루는 사람은 프런트 오피스 퀀트가 요구하는 프로그래밍과 유지보수를 담당합니다. 미들 오피스의 리스크 관리 퀀트는 투자 모델이 얼마나 리스크를 가졌는지 측정합니다.

리스크를 측정 방법으로는 스트레스 테스트(stress test)가 있습니다. 이는 컴퓨터를 이용하여 특정 리스크 상황에서 투자 모델이 얼마나 큰 손실을 가져다주는지 시뮬레이션하는 작업입니다. 예외적이지만 발생할 가능성이 있는 여러 시나리오를 상정하여 그러한 위기 상황에 해당 금융기관의 재무건전성을 파악하는 작업입니다. 다른 방법으로는 2008년 금융위기의 데이터처럼 역사적인 특정한 날의 데이터를 이용하여 리스크를 측정하는 백 테스트(back test)가 있습니다.

오바마 행정부의 초대 재무부 장관을 역임한 티머시 가이트너(Timothy Geithner)가 미국 금융위기 탈출에 관한 회고록을 출판하였습니다. 제목이 《스트레스 테스트》입니다. 어느 날, 저자가 그 책을 읽고 있는 모습을 본 동료 교수님이 제목만 보시고

"고 교수님, 요즘 스트레스 엄청 받으시나 봐요?"

라고 물으시기에 뭐라고 대답하기가 곤란해

"아, 네 그렇죠. 뭐"

라고 한 기억이 있습니다.

그림 9.1 2012년 4월 9일, 백악관 오벌 오피스에서 대통령과 대화하는 티머시 가이트너.

인공지능 시대를 맞이하여 퀀트를 이용한 펀드(알고리즘 트레이딩) 가 헤지펀드나 일반 자산운용의 거래량을 추월하기 시작했습니다.

4차 산업혁명의 시대에 방대한 데이터를 수집, 가공한 후 이를 바탕으로 모델을 만드는 데이터 과학이 부상하고 있습니다. 퀀트의 업무는 투자에 필요한 주가, 재무제표 등의 데이터를 수집, 정리하여 필요한 자료를 가공합니다. 이를 바탕으로 투자하고 성과를 얻어내고 있습니다.

퀀트가 되려면 일반 재무(금융) 이론과 수학, 통계학과 그리고 프로그래밍 실력이 필요합니다. 미국의 경우 30년 전부터 금융 공학(Financial Engineering), 금융 수학(Financial Mathematics), 계산 금융(Computational Finance)과 같은 석사 과정이 생겨나 월가(Wall Street)의 퀀트 공급처 역할을 해오고 있습니다. 인공지능(AI)과 퀀트가 지배하는 금융시장에서 일반인이 할 수 있는 대체 방안은 없을까요? 인공지능과 퀀트에 의해 발생하는 과거의 수익은 미래의 성과를 보장하지 않습니다. 수학적 계량화가 불가능한 신호를 살피고 찾는 전략이 필요합니다. 분명히 인공지능과 인간보다 잘 하지 못하는 분야가 있습니다.

인공지능과 적중률은 인간보다 뛰어나더라고 최종수익률은 적중률보다 적중한 투자한 금액에 좌우됩니다. 무슨 말이냐고요? 주가가 오를 종목을 찾아내는 적중률과 빈도보다는 예상이 정확하게 맞아떨어지면 주가 반응의 크기가 포트폴리오의 수익률을 결정짓습니다. 수익률 게임에서 승리한 참가자가 개별 종목에 대한 적중률은 낮았지만, 경쟁자보다 높은 수익률을 낼 수 있다는 논리입니다.

9.4 평균의 역설

어느 투자회사의 지난 5년간 연간 수익률(복리 기준)이 15%, 20%, 30%, -10%, 15%라 가정하죠. 그리고 펀드매니저가 다음과 같이 발표합니다.

> "우리 펀드에 투자 좀 하이소."
> "지난 5년간 실현 연간 수익률의 평균이 14%나 됩니다."

그런데 펀드매니저의 주장에 오해 소지가 다분합니다. 그는 5년간 평균 수익률을 다음과 같이 산출하였습니다.

$$\frac{15+20+30-10+15}{5}=14\%$$

가장 많이 사용하는 산술평균이죠. 저희는 이미 복리 계산을 배웠습니다. 100만원을 5년간 연간 수익률(복리 기준)이 15%, 20%, 30%, -10%, 15%로 투자하면

$$100 \times 1.15 \times 1.20 \times 1.30 \times 0.90 \times 1.15 = 185.68\,(\text{만원})$$

5년 후 실제로 185.68만원이 됩니다.

그런데 펀드매니저의 주장대로 14% 복리의 경우 100만원을 투자하면

$$100 \times 1.14^5 = 192.54\,(\text{만원})$$

5년 후 192.54만원입니다. "왜 차이가 나지?" 실질적인 평균 수익률은 연 13%입니다. 왜냐하면, 연 13%로 100만원을 5년간 투자하면

$$100 \times 1.13^5 \simeq 185.68\,(\text{만원})$$

185.68만원이 되기 때문입니다.

고등학교 수학 시간에 "산술평균은 기하평균보다 크거나 같다"라는 사실을 배웠습니다. 펀드매니저의 발표는 기하평균을 사용해야 합니다.

$$(1.15 \times 1.20 \times 1.30 \times 0.90 \times 1.15)^{1/5} = 1.13$$

펀드매니저는 왜 기하평균 대신 산술평균을 사용했을까요? 투자자들에게 조금이라도 평균 수익률을 높게 보이려고 한 것입니다.

"수익률은 투자자를 오도할 수 있습니다."

평균은 통계 데이터를 다룰 때 가장 많이 사용하는 대푯값입니다. 데이터를 모두 더한 뒤 데이터의 개수로 나누어 계산하죠. 중앙값(median)도 잘 알려진 대푯값입니다. 개수가 홀수면 데이터를 적은 순서대로 나열할 때 중앙에 있는 값입니다. 데이터가 10, 20, 30일 때는 20이 중앙값입니다. 개수가 짝수이면 정 중앙의 주변에 있는 두 개의 평균으로 계

산합니다. 데이터가 10, 20, 30, 40일 때는 20과 30의 평균 25가 중앙값입니다.

평균을 접할 때는 주의를 필요로 합니다. 그 이유를 말씀드리겠습니다.

첫째, 데이터 전체 대상의 평균과 데이터 성격이 다른 작은 그룹으로 구분하여 구한 평균은 같지 않습니다. 이를 심슨의 역설(Simpson's paradox)이라 합니다. 예를 들어보겠습니다.

한 학급이 남자 3명, 여자 5명으로 총 8명의 학생이 있습니다. 수학 시험을 본 결과 남자 3명의 평균은 80점이고 여자 5명의 평균은 60점이라 하죠. 이때 두(남녀) 그룹의 평균은

$$\frac{(80+60)}{2}=70$$

70점입니다. 하지만 8명 전체의 평균은

$$\frac{80\times 3+60\times 5}{8}=75$$

75점입니다. 그룹 평균과 전체 평균이 같지 않습니다.

둘째로, 평균이 전체의 현황을 설명하는데 적절하지 못한 경우가 있습니다. IMF 이후 최고의 취업난으로 취업 준비생들의 어깨에 힘이 하나도 없는 모습을 볼 때 미안한 마음이 듭니다. 10명으로 구성된 A 회사의 평균 초봉이 500만원이라는 취업공고를 접할 때 취업 준비생들은 어떤 생각을 가질까요?

"우와 최고인데. 당장 지원서 준비해야겠다"

하지만 극단적으로 9명의 초봉은 200만원이고 나머지 1명이 3200만원 경우에도 평균은 500만원입니다. 이처럼 평균은 한쪽으로 극단적으로 치우친 수치(outlier, 이상치)에 크게 영향을 받습니다.

"우리나라는 OECD 평균에 거의 가까운 ○○ 비율(지수)을 가집니다."

라는 뉴스를 접할 때 저자는 매우 당혹감을 느낍니다. 속으로 한마디 하죠.

"그래서 뭐 어쨌다는 이야기인데."

평균만 언급해서는 전체를 판단할 수 없습니다. 어떻게 분포되어 있는지를 알려줘야 합니다. 따라서 우리는 통계 지식이 필요합니다. 인공지능 수학의 핵심은 데이터를 다루는 통계입니다. 통계를 다룰 때는 마치 날카로운 칼을 다루듯이 조심해야 합니다. 정부는 통계를 이용하여 국민을 속일 수 있습니다. 하지만 링컨은 다음과 같이 이야기합니다.

> "모든 국민을 잠시 속일 수 있고, 일부 국민을 늘 속일 수 있어도, 모든 국민을 늘 속일 수는 없다."

학문하는 사람은 절대 그러면 안 됩니다. 현실 세계에서 평균과 중간 못지않게 전체 분포의 꼬리에서 결정되는 일이 많습니다. 평균의 중산층이 아니라 엄청난 부자들에 의해 세상이 움직입니다.

고등학교 통계 수업시간에 '정규분포'라는 용어를 들어보셨을 겁니다.

정규분포는 어떤 현상(예를 들어 고등학교 학생의 키)을 관측한 값이 종 모양의 분포로 나타난 것을 말합니다. 관측값이 평균 주위에 가장 많고 평균에서 멀어지면 관측 빈도가 줄어드는 모양입니다. 저자가 초등학교 다닐 때 학교 앞에 번데기를 파는 분들이 있었습니다. 어떤 분은 회전판을 돌려 아이들이 찍기로 몇 봉지가 결정되었는데 다트가 회전판을 튕겨나가면 '꽝'이라고 했습니다.

"5봉지, 너 오늘 운수대통한 날이네."
"너는 꽝인데 그래도 1봉지 아저씨가 주께."

그런데 혹시 다음과 같은 장치를 이용한 번데기 장사를 기억하시는지요? 널빤지에 같은 간격으로 못을 박고 수직으로 세워 꼭대기 구멍으로 구슬을 떨어뜨리는 구조입니다. 구슬이 못에 무작위로 튕기면서 아래로 내려가 맨 밑에 몇 봉지가 적힌 칸에 들어갑니다. 맨 아래 칸의 구조는 가운데는 적은 봉지로 되어있고 양 끝 칸에는 많은 봉지로 되어 있습니다. 과연 번데기 아저씨는 '정규분포'의 개념을 알았을까요?

많은 실험을 반복하면 구슬 대부분이 중앙에 있는 칸에 떨어집니다. 이 놀라운 발견을 실물로 보여주는 것이 있습니다. 우생학의 창시자 골턴(Galton)이 발명한 '퀸컹크스'입니다.

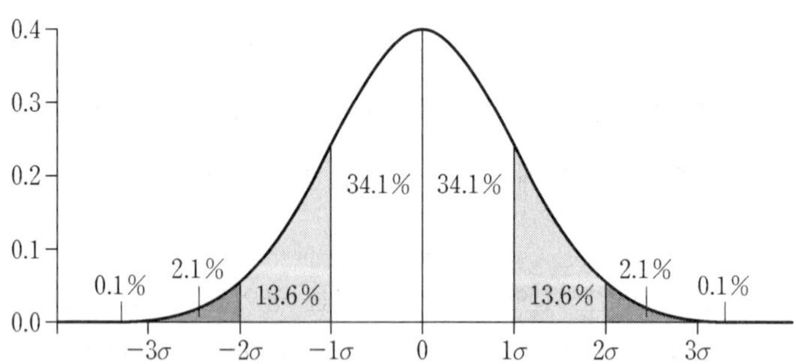

그림 9.2 정규분포가 실생활, 자연현상의 많은 부분을 설명할 수는 있지만, 전부 다 설명할 수 있는 것은 아닙니다. 주가는 정규분포를 따르지 않습니다.

9.5 데이터 교는 얼마나 위대한가?

4차 산업혁명 시대에 필요한 세 가지가 있습니다. 데이터, 알고리즘, 그리고 통찰력입니다. 데이터 처리는 빅데이터로, 알고리즘은 인공지능을 이용한 기계의 힘을 빌려 처리하면 되지만 통찰력은 순전히 인간의 몫입니다. 존재하는 답을 구하는 교육이 아니라 정답이 없는 문제를 접근하는 통찰력을 키우는 교육과정이 절실히 필요한 시대입니다.

《사피엔스》로 유명한 유발 하라리(Yuval Noah Harari)가 저술한 《호모 데우스》를 읽어 보셨나요? 나약하고 별로 중요하지 않은 존재에서 지금은 그토록 무서운 주적들을 동물원에 가두어 신이 된 인간, 호모 데우스(Homo Deus) 이야기입니다. 가장 강하고 똑똑한 종이 살아남는 것이 아니라 변화에 가장 적합한 종이 살아남습니다.

과연 신이 된 인간의 미래 종교는 어떤 것일까요? 하라리의 답은 데이터 교(Dataism)입니다. 인간의 지식이 두 배로 증가하는데 걸리는 기간을 연구한 Fuller에 의하면 19세기에는 100년, 현재는 13개월이 걸리고 2030년에는 단지 3일 걸린다고 합니다.

네트워크는 어떤가요?

전 세계 모든 사람은 6단계로 연결 가능하다고 들어 본 적이 있을 겁니다. 1960년대 Stanley Milgram은 인간은 6단계만 거치면 지구상이 누구와도 연결할 수 있다고 주장했죠. 2012년 페이스북의 연결 단계는 3.74단계로 줄어들었다고 합니다.

인간의 문화생활은 어떠한가요?

다른 지적 놀이는 기계에 지더라도 절대 지지 않을 거라던 바둑도 알파고(AlphaGo)에 무릎을 꿇었습니다. 수술을 앞둔 의사가 절대적으로 자문하는 인공지능 의사 IBM의 왓슨(Watson), 부모보다 먼저 딸의 임신을 안 월마트(Walmart)의 빅데이터. 데이터의 힘은 상상하기 어렵습니다.

미래에 과연 우리가 데이터를 지배할까요? 아니면 우리는 데이터의 아바타(Avatar)가 될까요? 나비의 꿈(호접지몽(胡蝶之夢))의 화두를 우리에게 던진 장자야말로 미래를 내다보는 혜안을 가진 인물 아닌지요.

중국 속담에 "인간이 미래에 관해 얘기하면 신이 웃는다"라는 말이 있습니다. 신이 된 인간의 미래를 조심스레 얘기하자면, 성경 〈잠언〉 16장 33절에

"제비는 사람이 뽑지만, 결정은 주께서 하신다."

라는 구절이 있는데 데이터교 교리에는 아래와 같은 구절이 있지 않을까요.

"일을 꾀하는 것은 어리석은 인간에게 있고 성사시키는 것은 데이터에 달렸다."

데이터를 가진 자가 미래를 차지하는 시대가 곧 오지 않을까요. 그런데 데이터 처리에서 유명한 경구가 있습니다. "쓰레기를 넣으면 쓰레기가 나온다(garbage in, garbage out)"입니다. 잘못된 데이터나 무의미한 데이터를 입력하면 아무리 프로그램이 훌륭하다고 할지라도 올바르지 않은 결과밖에 출력되지 않는다는 말입니다. 우리는 데이터와 정보의 홍수 속에 살고 있습니다. 그 속에서 올바르고 좋은 정보를 골라내기란 쉽지 않습니다. 특히, 거짓 뉴스나 눈과 귀를 현혹하는 SNS의 입소문으로 제

대로 된 판단을 하지 못하고 잘못된 정보를 그대로 믿고 따를 경우가 많아졌습니다. 2018년 '드루킹' 사건을 기억하실 겁니다. 더불어민주당원 댓글 조작사건으로 인터넷에서 각종 여론 조작을 하였다는 혐의 및 의혹이 불거진 사건입니다. 한 사람의 마법사가 SNS를 통하여 전파하는 주술은 칼보다 강합니다.

데이터 과부하세계에서 언제부터인지 가장 입소문을 타고 있는 것이 있습니다. 아니면 말고 식의 충격적인 견해와 큰 목소리입니다.

"목소리 큰 놈이 장땡이야, 막 들이대."

그림 9.3 〈라오콘과 그의 아들들〉, 대리석 군상, 높이 242cm, 기원전 175~50년경, 바티칸 피오 클레멘티노 박물관. 이 작품은 1506년 로마에서 발견된 헬레니즘 최대의 걸작으로 당시 미켈란젤로를 비롯한 많은 예술가는 이 작품을 보고 깊은 감명을 받았다고 합니다. 작품은 저주받은 죽음과 힘겹게 싸우는 인간의 모습과 복잡하게 뒤틀리고 꼬인 뱀들을 실감 나게 묘사하고 있습니다.

그런데 말이란 참으로 무섭습니다. 함부로 했던 말이 자신을 옥죄는 일로 다가올 수도 있으니까요. 1506년에 로마에서 발굴되어 바티칸에서 대중에 공개된 이후 가장 유명한 그리스 조각상이 있습니다. 두 아들과 함께 뱀에 칭칭 감겨 인간이 표현할 수 있는 최고의 고통을 보여주는 〈라오콘과 그의 아들들〉이라는 조각상입니다. 트로이 전쟁 때 성 밖에 있는 전쟁 전리품, 목마를 가져오지 말라고 충고한 트로이의 사제 라오콘(Laokoon)이 그리스 연합군을 도와주던 포세이돈의 저주를 받는 모습의 작품입니다. 자기 조국을 위해 충언을 한 인물도 신의 노여움을 받을 때는 처절하기가 그지없습니다.

옛날에 효성이 지극한 농부가 부모의 불치병은 천 년 넘은 거북이를 잡아 요리해 드리면 낫는다는 말을 듣고 거북이를 잡아 돌아오는 길에 뽕나무 아래 앉아 쉬고 있는데 거북이 왈,

"나는 천 년을 넘게 살아 어떻게 하더라도 삶아지지 않지!"

라고 우쭐거리자 듣고 있던 뽕나무가,

"나를 땔감으로 사용하면 어떠한 것도 삶을 수가 있지."

라고 서로 난 체하는 모습을 본 농부는 그 뽕나무를 베어 땔감으로 거북이를 삶아 부모님을 낫게 했다는 이야기가 있습니다. 괜한 말을 하다가 거북이는 죽고 뽕나무도 베임을 당하고 맙니다. 장자의 좌우명이기도 한 '신상구' 고사가 떠오릅니다. 장자는 다음과 같은 가르침을 전합니다.

世上功名 看木雁(세상공명 간목안): 잘난 체하지 마라.

座中談笑 愼桑龜(좌중담소 신상구): 말을 조심하라.
市虎三傳 人皆信(시호삼전 인개신): 근거 없는 말도 여러 사람이 하면 믿게 된다.
母裙振蜂 父亦疑(모군진봉 부역의): 의심받을 행동을 하지 마라

《명심보감(明心寶鑑)》에도 말조심에 대한 경구가 있습니다.

酒逢知己 千鍾少 (주봉지기 천종소)
話不投機一句多 (화불투기 일구다)

"술은 나를 알아주는 벗을 만났을 때 천 잔도 적지만, 말은 그 적절한 시점이 아닐 때는 한마디도 많다."

쉬어가는 코너

재미있는 우리말의 유래 ⑨

'난다 긴다'와 '도찐개찐'/홍산(紅山) 이훈재

"난다 긴다 하는 사람들", "카이스트의 난다 긴다 하는 천재들"에게서처럼 우리는 재주가 있고 뛰어난 인재를 '난다 긴다'라고 합니다.

혹시 '나는' 재주와 '기는' 재주를 모아서 '난다 긴다'라고 했을까요? 곰곰이 생각해 보더라도, '나는 재주'와 달리 '기는 재주'를 어찌 뛰어난 재주로 볼 수 있겠습니까?

'난다 긴다'와 '도찐 개찐(도긴 개긴)'의 상호 연관된 어원이 어디에서 왔는지 살펴보고자 합니다.

국립국어원에서 출간된 《표준국어대사전》을 보면, '도찐 개찐'은 '도긴 개긴'에서 왔고, 이 뜻은 "윷놀이에서 '도'로 남의 말을 잡을 수 있는 거리나 '개'로 남의 말을 잡을 수 있는 거리는 별반 차이가 없다는 뜻으로, 조금 낫고 못한 정도의 차이는 있으나 본질에서는 비슷비슷하여 견주어 볼 필요가 없음을 이르는 말"이라고 정의되어 있습니다.
부언하면, '도찐 개찐'과 '도낀 개낀'은 '도 긴 개 긴'이 바른 표기이며, 여기서 '긴'은 '윷놀이에서 자기 말로 남의 말을 좇아가 잡을 수 있는 거리'로서 흔히 윷놀이에서 '개낀이다'나 '걸낀이다' 했던 말의 바른 표기가 '개 긴'과 '걸 긴'이 됩니다. 그리고, 윷놀이에서 '난다'는 '윷놀이 판의 말이 (바깥으로) 나는 것'이고, '긴다'는 '긴에 있는 상대편 말을 잡는 것'을 의미합니다.

남보다 뛰어난 사람들을 가리킬 때 '난다 긴다 하는 사람들'이라는 말을 쓰는데, 이때의 '난다'는 "날아다닌다", '긴다'는 "기어 다닌다"를 뜻하는 말이 아니고,

윷놀이에서 유래한 말로서 '도찐개찐'이나 '도낀개낀'으로 쓰는 말은 '도 긴 개 긴'으로 써야 바른 표현이 됩니다. 이때의 '긴'은 "윷놀이에서, 자기 말로 남의 말을 쫓아 잡을 수 있는 거리"를 뜻하는 말이며, '도 긴 개 긴'이라고 하면 "도의 거리에 있든 개의 거리에 있든 거기서 거기"라는 의미의 말이 됩니다.

결론적으로, 오십보백보(五十步百步)와 비슷한 뜻으로 쓰이는 '도찐개찐'은 '도긴개긴'의 사투리이며, 윷놀이에서 도나 개가 나오면 멀리 달아나지 못해 잡히기 쉽다는 의미에서, 하찮은 것을 서로 비교하면서 우열을 가리기 힘들 때 쓰는 말이 '도긴개긴'인 것입니다. 그리고 '난다 긴다'는 "윷놀이를 아주 잘하는 사람"을 뜻하는 말에서 "뭐든지 잘하는 사람"으로 의미가 바뀐 표현이라고 볼 수 있습니다.

한편, 일찍이 윷놀이를 연구했던 양주동 선생 등은 우리 민족의 전통 '윷놀이'가 원래는 '도, 개, 걸, 윷'까지의 네 단계 놀이였다고 주장한 바 있습니다. 윷놀이의 명칭을 마지막 단계인 '모놀이'라고 하지 않고 '윷놀이'라고 부르는 점도 이 분들의 주장을 뒷받침해 줍니다. 그런데 신기한 일은 아메리카 인디언의 오래된 기록에서 윷가락이 3개이고, 4×4로 이동하는 배열의 윷놀이판이 발견되었는데, 이는 양주동 선생의 주장을 뒷받침하는 윷놀이가 먼저 있었다는 증거이고, 후에 다시 5×5로 이동하는 배열의 '모놀이'가 개발되었다는 것을 추정해볼 수 있게 됩니다[손성태 교수, 배제대학교].

참고문헌: 《천만년을 버텨갈 우리 속담의 품격-우리말 절대 지식》, 동아시아

10 환매조건부채권(RP), “이 반지 얼마 받을 수 있나요?”

10.1 세상은 왜 이리 힘들어!

그림 10.1 빈센트 반 고흐, 〈전당포 입구〉, 연필, 펜, 붓, 잉크, 수채화, 종이에, 23.9 x 33.7cm, 1882년, 암스테르담, 반 고흐 박물관. 빈센트 반 고흐 이야기는 전기든, 노래든, 소설이든, 영화든 가난과 고독, 마음에 드리우는 어두운 그늘로 점철돼 언제나 사람의 마음을 먹먹하게 합니다.

〈해바라기〉, 〈별이 빛나는 밤〉으로 유명한 서양 미술사상 가장 위대한 화가 중 한 사람 반 고흐(Vincent Van Gogh)의 전당포 앞을 묘사한 그림입니다. 원제목은 〈Entrance to the Pawn Bank〉입니다. 아마 담벼락 뒤에 있는 건물이 전당포인 것 같고 입구에서는 사람들이 무슨 거래를 하는 듯합니다. 중앙에 여성으로 보이는 사람의 옷이 암스테르담이나 파리 패션과는 다소 이국적입니다. 일본풍 느낌이 물씬 나지 않나요? 혹시 반 고흐가 일본 판화를 그토록 찬미한 강렬한 효과는 아닌지요.

정신병과 절망 속에서 그에게 명성을 가져다준 작품 대다수는 그가 프랑스 남부 아를(Arles)에서 생활한 10년이 채 못 되는 시기였습니다. 이 시기에 그가 좋아하는 고갱과 잠시 같이 지내고 귀가 잘리는 사건도 발생하기도 했습니다. 7080 팝송을 좋아하는 사람이면 누구나 기억하는 반 고흐에 관련된 노래를 기억하실 겁니다.

그림 10.2 빈센트(Vincent)

"starry, starry night ~"

네. 반 고흐의 삶과 예술세계를 추모하여 돈 맥클린(Don Mclean)이 발표한 빈센트(Vincent)입니다. 해 질 무렵 커피 한 잔에 눈을 감고 맥클린의 노래를 통해 반 고흐를 만나 물어보죠,

"고흐 형, 세상은 왜 이리 힘들어!"

지금은 찾기가 쉽지 않지만 70, 80년대 전당포는 마치 지금의 편의점처럼 즐비했습니다. 당장 돈이 급한 사람들은 시계, 반지 등을 담보로 전당포에서 부르는 터무니없는 가격을 울며 겨자 먹기로 수용해야만 했죠. 담보해야 하는 전당포는 무담보 대출이란 새로운 금융 혁명의 하나인 신용카드의 출현으로 이제는 소설책이나 영화에서나 가끔 볼 수 있게 되었습니다. 하지만 인터넷의 발달로 요즘 온라인 전당포에서는 고급 브랜드 가방, 의류, 노트북, 태블릿 PC, 심지어 자동차 등 다양한 거래가 진행 중입니다. 무겁고 어두운 철장 사이로 반지를 주고 돈을 받았던 그 시절이 눈에 아른거립니다.

대학 3학년 때 저자는 잠시 고등학교 친구들과 반포에서 지낸 적이 있었습니다. 그해 여름비가 고양이, 개떼처럼 내리던 어느 날, 고등학교 선후배들이 한 잔을 걸친 후 저자의 집을 급습했습니다. 자기들끼리 근처에서 마시다가 돈이 다 떨어져 저자가 생각이 나 찾아온 것이죠. 저자도 현금이 없는 상황에서 선배의 눈에 들어온 것은 어머니께서 서울 생활을 하는 아들에게 혹시 무슨 일이 생길지 몰라 모아두신 금붙이로 만든 저자의 금반지였습니다. 선배 왈,

"오늘 관표 반지 전당포에 잡히고 다음에 십시일반 해서 갚아주자."

저자를 제외하고 모두 찬성. 홍수 주의보가 내려진 그 날, 우리는 전당포에서 받은 돈을 가지고 이태원으로 향했죠.

10.2 환매조건부채권

여기서 잠깐 전당포의 메커니즘을 살펴봅시다. 선후배의 간교 때문에 이루어진 전당포 주인과 저자의 계약 내용을 보죠. 일반적인 금융 계약은 계약 당사자 간의 계약불이행(default)으로 심각한 손실을 보는 경우가 많습니다. 하지만 전당포의 금융 메커니즘은 이러한 손실에서 어느 정도 자유롭습니다.

왜냐하면, 전당포 주인 처지에서 보면 저자가 약속한 날에 빌려 간 현금과 이자를 가지고 오지 않는 경우 담보로 가지고 있던 금반지를 처분하여 손실을 보전하면 되고 저자로서도 약속을 이행하지 않는 경우 비록 금반지는 포기하지만 빌린 현금을 소유할 수 있으니까요.

이러한 메커니즘을 가진 금융상품이 바로 환매조건부채권(Repurchase Agree- ments Repo, RP)입니다. 이것은 증권을 소유한 A 금융기관이 B 기관에 소유한 증권을 지금 팔고 나중에 조금 더 높은 가격으로 되사는(환매) 계약입니다. 이때 적용되는 이자율을 환매조건부채권 이자율이라 합니다. 주로 중앙은행과 시중은행 사이의 유동성을 조절하는 수단으로 활용됩니다. 한국은행이 시중 통화량을 조절하거나 일반은행의 과부족을 조절하는 수단으로 발행합니다. 금융기관이 보유한 신용 우량채권 또는 국공채 등을 담보로 발행하기 때문에 안정성이 뛰어나고 환금성이 보장된다는 게 장점이죠. 하지만 세상 사는 이치가 다 좋을 수는 없는 법, 환매조건부채권은 예금자 보호 대상 상품은 아니라는 점입니다.

환매조건부채권 거래에서 담보로 사용되는 증권이 저자의 금반지에 해당합니다. 일반적으로 전당포 주인은 주로 저당 잡힌 물건(저자의 금반지)의 가치를 낮게 평가하여 현금을 빌려줍니다. 이렇게 원래 물건의 가치를 더욱 낮게 평가하는 것을 금융 용어로 헤어컷(haircut)이라 합니다.

전당포에 물건을 저당할 때 저당 기간이 있는 것처럼 환매조건부채권에도 환매 기간이 있습니다. 가장 흔한 형태가 기간이 하루인 overnight 환매조건부채권입니다. 매일매일 환매조건부채권 이자율을 조정하죠. 시중은행 등의 금융기관이 지급준비금으로 불리는 일정량의 현금 또는 그에 따르는 자산을 중앙은행에 예치하고 나머지는 대출하는 방식으로 신용을 창조하듯이 처음 담보를 계속해서 다른 계약 당사자와 환매조건부채권 계약을 통해 유동성을 생산할 수 있습니다. 금융 인기도서 "화폐 전쟁" 신드롬을 일으킨 쑹훙빙은 "화폐 전쟁 5"에서 다음과 같은 말을 하고 있습니다.

> "부분 지급준비 제도를 모르는 사람은 20세기 금융의 본질을 이해할 수 없듯이 환매조건부채권 담보에 의한 신용 창조 원리를 모르면 21세기 금융시장의 본질을 꿰뚫어 보지 못한다."

동기들의 약속은 이행되었을까요? 저자의 금반지는 지금 어디에? 비가 억수같이 내리던 그날, 저자는 택시 안에서 선배에게

"형님, 홍수 주의보인데 이태원 클럽 영업할까요?"

라고 물었던 기억이 납니다. 그런데 도착해 들어가 보니 이런 세상에! 이비에 홀에 가득 찬 사람들.

재미있는 우리말의 유래 ⑩

'감쪽같다'/홍산(紅山) 이훈재

곶감을 반으로 쪼개면 '곶감의 쪽'이 됩니다. '감쪽같다'는 말은 곶감과 관련이 있을까요?

먼저 사전적 의미를 살펴보죠.

네이버 사전: 꾸미거나 고친 것이 전혀 알아챌 수 없을 정도로 티가 나지 아니하다. '가발이 감쪽같다.' '위장술이 감쪽같아 탄로 나지 않았다.' '감쪽같은 은신처를 마련했다.' 우리가 일상에서 사용하는 의미로는, 꾸미거나 고친 것을 남이 알아채지 못할 만큼 티가 나지 않을 때 '감쪽같다'라고 합니다.

그렇다면 '감쪽같다'는 여러 가지 유래를 먼저 살펴보죠.

첫째로, '감쪽'을 '곶감의 쪽'으로 보는 설입니다. 곶감의 쪽은 아주 달고 맛이 좋아 누가 빼앗아 먹기 전에 서둘러서 흔적 없이 먹어치우는데, 이러한 행위 속에서 '감쪽같다'는 말이 생겨나고 이에 '일을 재빨리, 흔적도 남기지 않고 처리하다'라는 비유적 의미가 생겨난 것으로 설명할 수 있습니다. 문제는 '곶감의 쪽을 먹는 것과 같다'와 같은 긴 표현을 '감쪽같다'라는 단어 구조로 축약할 수 있는가 하는 점입니다. 즉, '감쪽같다'는 단어가 아무리 '감쪽'을 '곶감 쪽'으로 이해한다 하더라도 '곶감의 쪽을 먹는 것과 같다'는 의미를 함축할 수 있느냐 하는 것입니다. "곶감의 쪽을 먹는 것과 같다"에서 그 어원을 구하는 것은, '감쪽'을 '곶감의 쪽'으로 미리 정해 놓고 억지로 끼워 맞추는 것과 같습니다.[출처 : 조항범, 정말 궁금한 우리말 100가지, 위즈덤하우스, 2009.]

이와 유사한 형태로 제사상에 자주 등장하는 조율시이(棗栗柿梨), 대추-밤-감-배로 바꾸어도 말이 성립되겠는가? '대추쪽 같다', '밤쪽 같다', '배쪽 같다'라는 말은 사용되지 않고 있습니다.

둘째로, 많은 유래 어가 그러하듯이 이 '감쪽'이란 말도 여러 어원을 지니고 있는데, 가장 유력한 어원은 '감나무와 고욤나무의 접붙이기'에서 찾을 수 있습니다. 감나무는 씨앗으로 번식시킬 경우 감의 형질이 떨어져 '돌감'이 되기 때문에 반드시 고욤나무를 대목으로 하여 접붙여야 크고 맛있는 감이 됩니다. 이렇게 다른 나무에 가지를 대는 것을 '접붙이다'라고 말하며, 고욤나무에 감나무를 접붙인 것을 '감접'이라고 합니다. 접을 붙인 다음 해에는 '고욤나무'와 '감나무'가 밀착되어 접을 붙인 표시가 나지 않습니다. 그래서 '감접을 붙인 것처럼 흔적이 없는 상태'를 '감접같다'라고 표현합니다.

'감접같다'가 《조선말큰사전》(1947)이나 그 이후의 몇몇 큰 사전에 당당히 실려 있습니다. 그리고 이들 사전에서는 '감접같다'에서 '감쪽같다'가 나왔다는 유래 설명까지 곁들이고 있습니다. 그리고 20세기 초에 쓰인 김동진(1927)이나 《朝鮮辭源漫談(3)》(1934) 등에서도 '감쪽같다'를 '감접같다'에서 나온 말로 설명하고 있습니다.

그런데 문제는 '감접같다'가 '감쪽같다'로 변할 수 있느냐 하는 것입니다. 이는 음운론적으로 그렇게 어렵지 않다. '감접같다'가 '감쩝같다'로 발음 난 다음 '쩝'의 받침 'ㅂ'이 'ㄱ'으로 교체되어 '감쩍같다'로 변하였을 것입니다. '감쩍같다'가 《朝鮮語辭典》(1938), 《조선말큰사전》(1947) 등에 표제어로 당당히 실려 있습니다. 결과적으로 '감접같다 → 감쩝같다 → 감쩍같다 → 감쪽같다'와 같은 변화 과정이 있었음을 알 수 있습니다[출처: 국립국어원].

결론적으로, '감쪽 같다'의 어원은 '곶감의 쪽과 같다' '감의 쪽과 같다'는 뜻이 아니라, 고욤나무와 접붙이기를 시도한 '감접 같다'에서 유래한 우리말임을 알 수 있습니다.

감과 관련된 특이한 이야기가 있습니다. 경상북도 청도지방에서 출하되는 청도 반시에는 씨가 없다고 합니다. 감 중에서 반시는 봉긋한 대봉과는 달리 납작한 모양인데, 반시 중에서도 청도에서 생산되는 반시인 청도 반시에는 씨가 없습니다. 하지만, 이상하게도 청도 반시를 다른 감 생산 지방에 심으면 씨가 생깁니다. 반대로 다른 지방에 반시를 청도에 옮겨 심으면 씨가 안 생긴다고 합니다. 이는 청도지방의 환경적인 요인이라고 분석하고 있는데, 실제로 어떤 농민이 실험을 해보았는데, 정말로 그러하다는 실화가 인터넷에 소개되고 있습니다.

11 주가 모형과 몬테카를로 시뮬레이션

11.1 브라운 운동과 주가 모형

이번 장의 내용은 금융 공학을 전공하시는 분은 너무나 잘 알고 있지만 일반 독자들은 약간 어려울 수도 있습니다. 왜냐하면, 수학을 사용하니까요.

여러분이 동전을 던져 앞면(H)이 나오면 1원을 받고 뒷면(T)이 나오면 1원을 상대방에게 주는 경우를 생각하죠. 5번을 던질 때 여러분이 얼마의 돈을 가지는지 알아보죠. 총 32가지의 경우가 있어요. 예를 들어, 동전이 THHTH순으로 나오는 경우 여러분이 가지는 돈은 아래와 같이 변합니다.

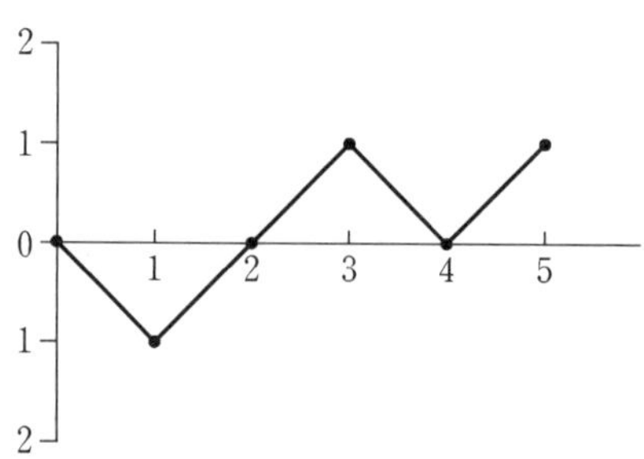

그림 11.1 동전이 '뒤앞앞뒤앞' 나왔을 때 가지는 돈의 흐름. 랜덤워크(random walk)의 예

n번 동전을 던진다고 가정하죠. 통계 용어로 표현하면 매번 동전을 던져 발생하는 돈의 금액(확률변수)은 1원(받는 경우) 아니면 -1(주는 경우)원입니다. 매번 실험에서 나오는 금액(확률변수)은 1 아니면 -1이지만 정확히 알 수는 없습니다. 이런 경우를 결과가 랜덤(random) 하다고 말합니다. 랜덤한 실험의 결과를 X라고 하죠. X가 가지는 값은 오로지 1 아

니면 -1입니다. 앞면과 뒷면이 나오는 확률은 각각 $\frac{1}{2}$이므로 기댓값은

$$E[X] = 1 \times \frac{1}{2} + (-1) \times \frac{1}{2} = 0$$

이고 분산은

$$Var[X] = E[X^2] - E[X]^2 = 1^2 \times \frac{1}{2} + (-1)^2 \times \frac{1}{2} = 1$$

입니다. 분산의 제곱근을 표준편차라고 합니다.

n번 동전을 던져 여러분이 얻는 금액의 총합을 S_n이라고 하면 S_n은 매번 결과에서 얻는 금액을 모두 더하면 됩니다.

$$S_n = X_1 + X_2 + \cdots + X_n = \sum_{i=1}^{n} X_i$$

"또 시그마 기호 나오네."

〈그림 11.1〉의 경우 $S_5 = -1+1+1-1+1 = 1$ 이죠. 여러분이 얻는 금액의 총합 S_n의 기댓값은

$$E[S_n] = E[X_1] + \cdots + E[X_n] = 0$$

이고 분산은

$$Var[S_n] = Var[X_1] + \cdots + Var[X_n] = n$$

입니다. S_n을 어려운 금융 수학 용어로 랜덤워크(random walk)라고 합니다. 무작위 행보, 혹은 취보(drunkard walking)라고도 부릅니다. 마치 술 취한 사람의 걸음걸이를 보면 오른쪽으로 갈지 왼쪽으로 갈지 모르는 모습에서 이름이 명명되었습니다.

〈그림 11.2〉는 8개의 무작위 행보를 나타낸 그림입니다. n을 시간이라고 생각하면 랜덤워크는 시간에 따른 평균이 0이지만 분산은 시간에 비례하여 증가합니다. 물론 불규칙적이고요.

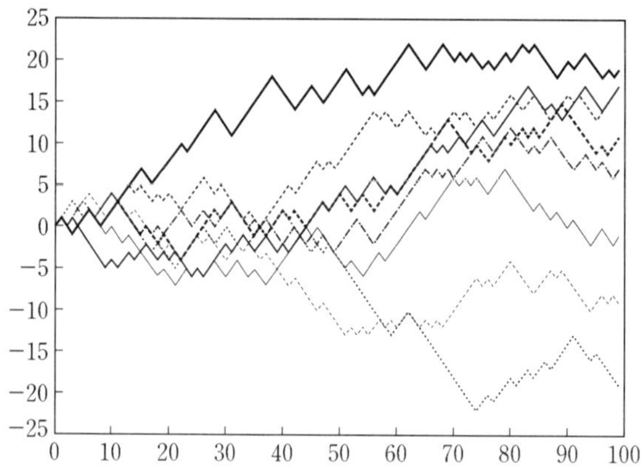

그림 11.2 8개의 랜덤워크

왜 뜬금없이 랜덤워크를 설명하느냐고 의아하실 수 있습니다. 그 이유는 주가를 모델링 하는 데 이용합니다. 정확히는 금융 공학에서 주가의 움직임을 모델링 하는데 브라운 운동(Brownian motion)을 사용합니다. 브라운 운동은 1827년 식물학자 로버트 브라운(Robert Brown)이 발견한 현상으로 물 위에서 꽃잎 입자가 불규칙하게 움직이는 현상을 말합니다.

물리학에서 주로 사용되는데 경제학에서도 적용하여 1900년 루이 바슐리에(Louis Bachelier)가 금융시장의 가격(주가) 변동을 브라운 운동을 사용하여 모형화했습니다. 후에 위너(Wiener)가 체계적으로 개념을 정립해 위너과정(Wiener process)이라고도 불립니다. 랜덤워크와 브라운 운동은 무슨 관계가 있느냐고요? 네, 브라운 운동은 랜덤워크의 연속적인 버전이라고 생각하시면 됩니다.

"무슨 말인지, 도대체"

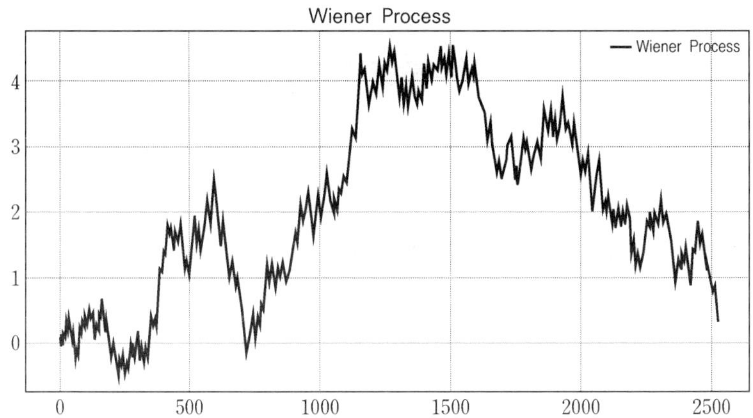

그림 11.3 브라운 운동: 미국의 경제학자 폴 새뮤얼슨(Paul Samuelson)이 바슐리에의 이론을 수정해서 기하 브라운 운동(Geometric Brownian motion)을 이용하여 주가를 모델링 하였습니다.

〈그림 11.3〉은 브라운 운동의 예를 보여줍니다. 어때요? 마치 주가의 움직임과 비슷하게 보이지 않나요?

금융시장에서 주가의 가장 중요한 속성은 불확실(uncertain)하다는 사실입니다. 이러한 불확실성을 반영하기 위해 확률적인 부분(확률과정)을 모형화하는 데 사용합니다. 가장 널리 사용되는 모형은 다음과 같습니다.

$$dS = \mu S dt + \sigma S dW(t)$$

S는 주식 가격(주가)이고 μ는 기대수익률, σ는 변동성, 그리고 $W(t)$는 브라운 운동입니다. d는 아주 짧은 시간(순간)의 변화를 의미합니다.

dS는 짧은 시간 동안 주가의 변화량, dt는 시간의 변화량, 그리고 $dW(t)$는 브라운 운동의 변화량입니다. 위 식은

$$\text{주가의 변화} = \text{결정적인 부분} + \text{불확실한 부분}$$

을 의미합니다. 주가의 불확실성을 브라운 운동으로 모형화합니다.

11.2 몬테카를로 시뮬레이션

금융 공학에서 주가의 변화를 몬테카를로 시뮬레이션(Monte Carlo Simulation)을 사용하여 구할 수 있습니다. 몬테카를로 방법은 무작위로 추출된 난수(random number)를 이용하여 원하는 식의 값을 계산하기 위한 시뮬레이션 방법입니다. 몬테카를로 방법의 활용이 일반인들에게 가장 잘 알려진 분야는 인공지능입니다. 알파고(AlphaGo)는 구글의 딥마인드가 개발한 인공지능 바둑 프로그램입니다. 2016년 세계 최상위급 프로기사인 이세돌 9단과의 5번기 공개 대국에서 대부분의 예상을 깨고 4승 1패로 승리해 세계를 놀라게 했습니다. 그 후 알파고는 중국 기사 커제를 비롯한 중국 정상기사들의 집단 지성과의 대국을 포함해 바둑계를 떠나기 전 총 73승 1패를 기록합니다. 이세돌 9단은 인공지능을 상대로 1승을 거둔 유일한 인간 기사로 기억됩니다. 알파고는 대국에서 최선의 결과를 탐색하는 방법으로 몬테카를로 방법을 사용하였습니다. 바둑을 은퇴한 알파고는 무엇을 하고 있을까요? 전략 시뮬레이션 게임 스타크래프트를 학습해 또다시 우리 앞에 나타날 예정이라 합니다.

그림 11.4 알파고는 100만 번의 대국을 학습하는 데 4주 걸린다고 합니다. 사람의 속도로는 1000년 걸립니다.

그럼 몬테카를로 시뮬레이션을 이용하여 주가를 예측하는 프로세스를 설명하겠습니다. 먼저 주가가 다음의 확률과정을 따른다고 가정하죠.

$$dS = \mu S dt + \sigma S dW(t)$$

시뮬레이션을 위해 위 식을 이산 시간 모형으로 바꿀 수 있습니다.

$$\Delta S_t = \mu S_t \Delta t + \sigma S_t \epsilon \sqrt{\Delta t}, \ \epsilon \sim N(0,1)$$

ΔS_t는 시간 t와 $t+\Delta t$ 사이의 주가 S_t의 변화량이고 ϵ은 평균이 0이고 분산이 1인 표준정규분포를 따르는 난수입니다. 따라서 위 식은

$$S_{t+\Delta t} = S_t + \mu S_t \Delta t + \sigma S_t \epsilon \sqrt{\Delta t}$$

입니다. 확률 미적분학(stochastic calculus)을 이용하여 위 식의 해를 구하면 다음과 같습니다. 이 과정은 대학교 4학년, 혹은 대학원 1학년 수준의 수학 지식이 필요하여 생략하겠습니다.

$$S_{t+\Delta t} = S_t \exp[(\mu - \frac{1}{2}\sigma^2)\Delta t + \sigma \epsilon \sqrt{\Delta t}]$$

이제 우리는 주가 프로세스를 위한 준비를 마쳤습니다. 예를 들어 주가 프로세스를 생성해 보죠.

현재 주가 $S_0 = 100$, 기대수익률 $\mu = 0.1$, 변동성 $\sigma = 0.3$, $\Delta t = 0.25$일 경우, 시간 $t = 1$ 시점의 주가 프로세스 생성과정은 다음과 같습니다. 표준 정규난수 ϵ은 임의로 설정하였습니다. 이는 계산할 때마다 ϵ이 달라진다는 말입니다. 여기서는 난수를 $\epsilon = 0.2,\ -0.5,\ 0.3,\ 0.1$를 사용하여 시간 $t = 0.25,\ 0.5,\ 0.7,\ 1$일 때 주가를 아래와 같이 생성하였습니다.

$$
\begin{aligned}
S_{0.25} &\equiv 100 \times \exp[(0.1 - \frac{1}{2}0.3^2) \times 0.25 + 0.3 \times 0.2 \times \sqrt{0.25}] \\
&= 104.47,\ \epsilon = 0.2 \\
S_{0.5} &\equiv 104.47 \times \exp[(0.1 - \frac{1}{2}0.3^2) \times 0.25 + 0.3 \times (-0.5) \times \sqrt{0.25}] \\
&= 98.26,\ \epsilon = -0.5 \\
S_{0.75} &\equiv 98.26 \times \exp[(0.1 - \frac{1}{2}0.3^2) \times 0.25 + 0.3 \times 0.3 \times \sqrt{0.25}] \\
&= 104.21,\ \epsilon = 0.3 \\
S_1 &\equiv 104.21 \times \exp[(0.1 - \frac{1}{2}0.3^2) \times 0.25 + 0.3 \times 0.1 \times \sqrt{0.25}] \\
&= 107.25, \epsilon = 0.1
\end{aligned}
$$

이렇게 하여 시간 $t = 1$일 때 주가 107.25를 얻습니다. 이러한 프로세스를 100번 실행한다면 최종 주가는 100번 실행해서 얻은 주가를 평균하여 구할 수 있습니다.

쉬어가는 코너

재미있는 우리말의 유래 ⑪

'오징어'/홍산(紅山) 이훈재

요즘은 오징어값이 턱없이 비싸졌습니다. 불법 중국어선단이 배 두 척이 양쪽에서 그물을 쳐 배 사이 고기를 잡는 쌍끌이 어선으로 어획 강도가 강해 치어까지 싹쓸이하고 있습니다. 여기에 중국어선들은 집어등 밝기도 울릉 오징어잡이 선박보다 10배 이상 밝아 가뜩이나 수온 변화로 줄어드는 동해 오징어를 싹쓸이해가고 있어서 우리 어민들의 속을 태우고 있습니다.

오징어의 어원 유래 2가지 설을 살펴보고자 합니다.

첫 번째, 오징어의 어원 유래설은 오적어(烏賊魚)에서 유래하였다는 설이 유력합니다.

烏 까마귀 오
賊 도둑 적
魚 물고기 어

즉, 까마귀를 잡아먹는 고기라는 뜻에서 나왔다는 해석이죠. 정약용의 형님이신 정약전이 지은 〈자산어보〉에서는 이렇게 설명하고 있다.

"까마귀를 즐겨 먹는 오징어는 물 위에 떠 있다가, 까마귀가 오징어를 죽은 물고기인 줄 알고 물 위에 내려앉아 쪼아 대면 긴 다리로 까마귀를 감아 안고 물속으로 들어가 잡아먹었다. 이후로 '까마귀 잡아먹는 도적'이라 하여 '오적어(烏賊魚)'라 불렀다."

대만에서도 烏賊魚(오적어)라고 부르고 있다고 합니다.

두 번째, 어원 해석으로는 〈우리말샘〉 인터넷 사전에서는 이렇게 표기되어 있습니다.

"오증어 「명사」「방언」 '오징어'의 방언(강원, 경상, 충청, 평안, 중국 랴오닝성)."

"오증어(17세기~19세기), 오징어(20세기~현재)"

"현대 국어 '오징어'의 옛말인 '오증어'는 17세기 문헌에서부터 나타납니다. '오증어'는 근대 국어 시기에 'ㅅ', 'ㅈ', 'ㅊ' 아래의 'ㅡ'가 'ㅣ'로 변화하는 현상에 의해 '오징어'가 되어 현재에 이릅니다. 한편 19세기 문헌에 보이는 '오젹어', '오적어'는 한자어 '오적어'(烏賊魚)를 소리 나는 대로 표기한 것으로 보입니다."

즉, 옛말인 '오증어'→'오징어'로 변한 순수 우리말이라는 이야기입니다.

참고로, 우리나라 사람들만큼 오징어를 즐기는 민족도 드물죠. 해양수산부 통계 자료에 2001년부터 1위 자리는 명태가, 2위 자리는 오징어가 차지하고 있습니다. 그 전에는 부동의 소비량 1위 자리를 차지하고 있었습니다. 오징어는 낮 동안에는 수심 200~300m 정도에 머물다가 밤이 되어야 20m 안팎의 비교적 얕은 수심으로 올라옵니다. 오징어는 주광성이기 때문에 밝은 빛이 있는 곳으로 모여듭니다. 이러한 습성을 역이용, 오징어잡이 배는 밤에 밝은 집어등을 내걸고 오징어를 잡습니다.

4쌍의 다리와 1쌍의 길게 뻗은 더듬이 팔을 통칭해서 오징어 다리가 10개라고 말합니다. 1쌍의 더듬이 팔은 '먹이를 포획할 때'와 '교미할 때'에 상대방을 끌어안는 역할을 합니다.

조선 시대에는 오징어 먹물을 이용한 사기극이 자주 있었다고 합니다. 중요한 계약이나 약속을 할 때 먹물 대신 사용하면 몇 시간 후에는 글씨가 사라져 버린다고 합니다. 그래서 믿지 못할 약속이나 지켜지지 않는 약속을 말할 때 '오적어 묵계(烏賊魚 墨契)'라는 말이 생겼다고 전합니다.

참고 문헌

고관표(2017), 파생상품 이해를 위한 금융 수학, 경문사.

권오상(2017), 돈을 배우다, 오아시스.

권용진(2017), 인공지능 투자가 퀀트, 카멜북스.

김 구(2019), 백범일지, 돌베개.

김상욱·유지원(2020), 뉴턴의 아틀리에, 민음사.

김상준(2019), 심리학으로 읽는 그리스 신화, 보아스.

김용욱(2015), 맹자 사람의 길(상·하), 통나무.

김재인(2017), 인공지능의 시대, 인간을 다시 묻다, 동아시아.

김형철(2018), 최고의 선택, 리더스북.

김형태(2016), 예술과 경제를 움직이는 다섯 가지 힘, 문학동네.

박경욱·김철중·윤평식(2012), 선물, 옵션 투자의 이론과 전략, 퍼스트북.

박종훈(2019), 2020 부의 지각변동, 21세기북스.

박지원 저/이가원 역(2016), 열하일기 2, 올재클래식스.

박지원 저/고미숙·길진숙·김풍기 역(2019), 열하일기(상), 북드라망.

심범섭(2018), 중용, 평단문화사.

오건영(2019), 앞으로 3년 경제전쟁의 미래, 지식노마드.

오건영(2020), 부의 대이동, 페이지2.

유시민(2018), 역사의 역사, 돌베개.

유홍준(2019), 한국미술사 강의 3, 눌와.

이경수·권영은·신진호(2008), 파생상품 Modeling I, 아진.

이선종(2018), 명화로 보는 단테의 신곡, 미래타임즈.

이완배(2018), 경제의 속살 1, 민중의소리

이윤기(2018), 신화 거꾸로 읽기, 작가정신.

이태호(2020), 시장의 기억, 어바웃어북.
이현우(2018), 미술관에서 만난 전쟁사, 어바웃어북.
장 조(2019), 유몽영, 인간사랑.
전호근(2016), 장자강의, 동녘.
전호근(2017), 대학 강의, 동녘.
정 민(2018), 다산 선생 지식경영법, 김영사.
정재승(2018), 열두 발자국, 어크로스.
최진석(2015), 생각하는 힘, 노자 인문학, 위즈덤하우스.
최태응(2011), 목민심서, 북팜.
홍익희(2017), 유대인 경제사 8, 9, 10, 한스미디어.
홍자성(2018), 평생에 한 번은 꼭 채근담을 읽어라, 주변인의길.
황인환(2016), 숫자에 속지 마라, 모아북스.

나심 탈레브(2016), 행운에 속지 마라(Fooled by Randomness), 중앙북스.
노구치 데츠노리(2016), 숫자의 법칙, 어바웃어북.
니얼 퍼거슨(2019), 광장과 타워, 21세기북스.
닉폴슨 제임스 스콧(2020), 수학의 쓸모, 더퀘스트.
대니엘 카너먼(2012), 생각에 관한 생각, 김영사.
댄 애리얼리(2017), 거짓말하는 착한 사람들, 청림출판.
라나 포루하(2018), MAKERS and TAKERS, 부키.
레이 달리오(2018), Principles(원칙), 한빛비즈.
로날트 게르슈테(2020), 질병이 바꾼 세계의 역사, 미래의창.
로버트 해그스트롬(2017), 현명한 투자자의 인문학, 부크온.
리링(2015), 집 잃은 개 1, 글항아리.
리링(2018), 꽃 사이에 술 한 병 놓고, 글항아리.
리링(2019), 전쟁은 속임수다, 글항아리.

마이클 모부신(2018), 통섭과 투자, 에프엔미디어.
마이클 모부신(2019), 운과 실력의 성공 방정식, 에프엔미디어.
미셸 부커(2016), 회색 코뿔소가 온다, 비즈니스북스.
미히르 데사이(2018), 금융의 모험, 부키.
브라운 스톤(2020), 부의 인문학, 오픈마인드.
사이먼 샤마(2017), 파워 오브 아트(Power of Art), 아트북스.
사피 바칼(2020), 룬샷(LOON SHOTS), 흐름출판.
세스 스티븐스(2018), 모두 거짓말을 한다, 더퀘스트.
애덤 쿠하르스키(2016), 수학자는 행운을 믿지 않는다, 북라이프.
앤젤라 더크워스(2017), GRIT, 비즈니스북스.
야마구치 슈(2019), 철학은 어떻게 삶의 무기가 되는가, 다산초당.
야오간밍(2010), 노자강의, 김영사.
에드워드 소프(2019), 나는 어떻게 시장을 이겼나, 이레미디어.
에릭 캔델(2019), 통찰의 시대, 알에이치코리아(RHK).
에스와르 프라사드(2015), 달러 트랩, 청림출판.
영주 닐슨(2018), 그들이 알려주지 않는 투자의 법칙, 위즈덤하우스.
오비디우스(2019), 변신 이야기, 민음사.
유발 하라리(2017), 호모 데우스, 김영사.
자오스린(2014), 사람답게 산다는 것, 추수밭.
장샤오헝(2017), 베이징대 수신학, 갈대상자.
제라드 드니(2020), 신화의 비밀, 명화의 비밀, 생각의길.
제임스 글릭(2017), 인포메이션(Information), 동아시아.
제임스 리카즈(2017), 은행이 멈추는 날, 더난출판사.
증선지(2016), 십팔사략, 현대지성.
짐 로저스(2019), 스트리트 스마트(Street Smart), 이레미디어.
쩡스창(2016), 운이 스스로 돕게 하라, 위즈덤하우스.

한스 로슬링(2020), FACTFULNESS, 김영사.

호메로스(2018), 명화로 보는 오디세이아, 미래타임즈.

E.H. 곰브리치(1994), 서양 미술사, 예경.

아마퀀트, 6. 잡음 섞인 sine 시계열 예측, 딥러닝과 시계열, 아마추어 퀀트(《https://blog.naver.com/chunjein》), 2020. 10. 31.

이코노미스트(2019), 2020 세계 경제 대전망, 한국경제신문사.

[97쪽 그림 5.3]

박찬형, 누가 IMF위기를 말하는가? … 1997년과 2019년을 비교해봤다, KBS NEWS, 2019. 08. 16.

[99쪽 그림 5.4]

김인영, [1997 아시아 금융위기⑯] 영란은행 파괴자, 오피니언뉴스, 2017. 02. 22.

[140p 그림]

최지수, '죄수의 딜레마'는? 동료가 자백하지 않는다는 확신이 없어…, 국제신문, 2018. 03. 12.

[205p, 그림 11.4]

류청산, '알파고 시대' 우리 교육, 어떻게 나아가야 하나?-인공지능을 이끄는 진정한 리더의 길-, 2016년 12월호, 지금서울교육, 서울특별시교육청, 2016.